019

今こそ、問われる
地域防災力

―消防団と自主防災組織の連携―

後藤一蔵

近代消防社 刊

はじめに

平成23年3月11日㈮に発生した東日本大震災を機に、これまで以上に「地域防災力の強化」が叫ばれるようになった。その後、平成26年11月22日㈯の長野県神城断層地震、平成28年4月14日㈭と16日㈯の熊本地震、同年10月21日㈮の鳥取県中部地震、平成30年6月18日㈪の大阪府北部地震、同年9月6日㈭の北海道胆振東部地震と大地震が相次いで発生し、地域防災力の強化は待ったなしの状況である。

災害大国と言われる我が国では、地震災害のみならず、豪雨による河川の氾濫や土砂災害、あるいは台風、豪雪、火山爆発、竜巻などが多発しており、これらの自然災害によってもたらされた人的・物的被害は甚大であり、これまでの対応策では不十分であることは明白である。

地域防災力の強化において、大きくクローズアップされているのが、消防団と自主防災組織の連携のあり方である。これら二つの防災組織は相異なる法的根拠に立脚している。とはいえ、活動範囲や活動内容は重なり合っている部分も多い。そのため、両者の協働関係を築くことはさほど難しい問題ではないと考えられるが、今日なお、両者間には壁が存在している。

　両者の関係のあり方が見直されるきっかけになったのが、平成7年1月17日㈫に発生した阪神・淡路大震災である。

　阪神・淡路大震災の5年後における自主防災組織率は56・1％と、以前と比較して12・3％も高くなったことは、その評価の高まりを示している。

　東日本大震災では、発災直後から避難・救助活動をはじめ避難所運営、その後の仮設住宅の建設・運営において、消防団と自主防災組織の協働関係のあり方によって、大きな違いが生まれた。

　近年、地域防災について、「連携」という言葉がひとつの潮流であり、自治体が作成する各種報告書やメディアにも数多く登場している。とはいえ、言葉のひとり歩きも目立ち、どのように連携をはかっていくか、具体策については模索の段階であると言えよう。

はじめに

「いざ災害が発生すれば、それぞれの組織が協力することは自然の成り行きであり、それほど心配する必要性はない」と公言する人もいるが、それはあまりにも安易である。非常時における対応は日常活動の延長線上にあり、普段から取り組んでいないことは非常時にできるはずがない。

平成26年11月に長野県白馬村で発生した長野県神城断層地震において、一人の犠牲者も出なかった、「白馬の奇跡」と言われる事例において、日常の両者の関係のあり方が注目された。奇跡は偶然ではない。

災害は対応の弱点を鋭くえぐり、点から面へと災害規模を拡大させる。しかもハード面の充実の根底には、人間の予見が存在する。東日本大震災では「想定外」という言葉があちらこちらで聞かれた。それは、人間の予測を超える事態が発生したことを意味する。そのためにも、ハード面の充実に偏った対応策は危険性を孕んでいることを、一人ひとりが自覚すべきである。それは東日本大震災の教訓でもある。

本著は、これまでさまざまな報告書や論文に発表してきた論稿をベースとして取りまとめたものである。

各章の概略について記述する。

序　章　災害の多発や大規模化により、消防用と、自主防災組織の連携のあり方が問われている。本章では、同じ河川流域に位置する複数の合同自主防災組織の防災訓練の事例として宮城県美里町青生地域を取りあげる。

第1章　自主防災組織の組織率は年々高まり、全国的には80%を超える状況である。とはいえ、自主防災組織は形式の先行が目立ち、ややもすると、組織率と活動実態との間に乖離がみられることも少なくない。

第2章　平成24年、内閣府が実施した「消防に関する特別世論調査」と、平成26年、宮城県が県内34自治体（仙台市は除く）を対象として行った「自主防災組織の活動実態調査」の二つのアンケート調査をもとに、消防団と自主防災組織のかかわり方について考察する。

第3章　消防団と自主防災組織の距離感を縮小することにより、その有効性をよりいっそう発揮することができる。その方策のひとつとして、消防庁は、消防団と自主防災組織のかかわり方について、これまで様々な検討委員会を立ちあげた。阪神・淡路大震災の震源地に近い淡路島の旧北淡町の事例は、「連携」のあり方に大きな示唆を与えた。

第4章　昭和53年に発生した宮城県沖地震をはじめとして、阪神・淡路大震災、新潟県中越地震、岩手・宮城内陸地震、宮城県北部連続地震における消防団と自主防災組織の連携がいかに行われたか、それぞれの事例について、取りあげる。

第5章　東日本大震災直後、消防団と自主防災組織とのかかわりあいについて、岩手県宮古市旧第28分団、石巻市荻浜地区、気仙沼市鹿折地区などの沿岸地域、そして内陸部に位置する宮城県大崎市松山地区を事例として取りあげる。

第6章　東日本大震災後、宮城県東松島市で実施された市民の震災対応に関するアンケート調査の結果を提示する。それらを踏まえて、市内沿岸部の「東名地区」、「宮戸地区」、「亀岡地区」において、東日本大震災発生から約一カ月における消防団と自主防災組織のかかわり方の経緯がいかに行われているかについて概観する。

第7章　平成25年12月、地域防災力の強化をはかるため、「消防団基本法」（正式名称は「消防団を中核とした地域防災力の充実強化に関する法律」）が制定された。消防団基本法は、昭和23年の消防組織法、平成17年機能別団員制度と並ぶ、消防団改革の中核である。各条文を中心に検討する。

第8章　東日本大震災を通じて新たな連携のあり方が問われた。そのひとつが医学関係との連携である。奈良市消防団の取り組みについて述べる。

終　章　大災害における有効対応策について指摘する。

目次

序 章

流域に位置する自主防災組織の連携
—宮城県美里町青生地域—

○青生地域の地理的環境と位置

地理的に近接し、同じ河川流域に位置する一帯は、河川の氾濫により、被害が広範囲に及ぶ。そのため、自主防災組織の連携の必要性が、何かにつけ話題になるが、思うように進んでいない。

宮城県美里町は、仙台市から40キロメートルほど北にある。美里町の南部に位置する青生地域は梅ノ木、松ヶ崎、堀切、的場柳原の4行政区（序表-1）からなり、鳴瀬川の左岸に沿って約6・5キロメートルにわたって帯状に広がる低平な沖積平野である。これらの行政区は、低平な地形と鳴瀬川との関係から地震災害や河川氾濫が発生した場合、青生地域全体に被害が及ぶことが考えられる。そのため、行政区同士の協力体制の構築は早くからの課題であった。それぞれの行政区の事情もあり、具体的な連携にふみ出すまでには、ある程度の時間を要さざるを得なかった。

○自主防災組織の成立

青生地域は、東日本大震災では震度６弱の地震に襲われた。当時、地域の指定避難所となっていたのは、青生地域のほぼ中央部に位置する青生小学校と、小学校に隣接する青生コミュニティセンターの２ヵ所であった。東日本大震災前、自主防災組織が組織されていたのは、松ヶ崎と堀切の2行政区（序表-2）。東日本大震災の発生の際、避難所内では先を争ってスペースを確保しようとする混乱した光景がみられた。

梅ノ木行地区では、平成22年2月28日付で、自主防災組織の

序表-１　４行政区の世帯数と人口の推移

行政区	平成 10 年		平成 20 年		平成 31 年	
	世帯数	人口	世帯数	人口	世帯数	人口
梅ノ木	213	786	249	777	264	718
松ヶ崎	174	708	172	610	171	528
的場柳原	192	622	220	600	246	570
堀切	38	181	40	163	43	149
計	617	2,297	681	2,150	724	1,965

美里町資料より

規約ができたものの、町が提示した範例にもとづくものであり、形式を整えたという域を出るものではなかった。役員を中心として、梅ノ木地区に見合った自主防災組織の必要性を感じた。東日本大震災は、それを現実のものとして地域住民に突きつけた。

東日本大震災当日、梅ノ木地区では、自主防災組織を設立するための会議が予定されていたが当然のことながら延期された。ほぼ一ヵ月後の3月下旬になり、自主防災組織設立のための役員会が重ねられた。7月30日の臨時総会で、自主防災組織の規約が正式決定された。

梅ノ木自主防災組織の規約の特徴を挙げると次のようになる。

(1)「梅ノ木行政区自治会自主防災組織規約」という名称に示されるように、自治会と一体化した組織である。その点については、自主防災組織の本部長は自治会長、自治会と自主防災組織の同一班編制、総会の同時開催、などからもうかがうことができる。

(2) 組織は「総務部」、「避難誘導部」、「救出・救護部」、「初期消火部」「給食・給水部」の5部で構成されている。これらは梅ノ木行政区自治会規約に明記された役職が、そ

序表-2
青生地域の自主防災組織の成立年

行政区	成立年
梅ノ木	平成23年7月
松ヶ崎	平成18年6月
的場柳原	平成26年3月
堀切	平成21年2月

美里町資料より

のままスライドしたものである。
（３）「地区住民共助及び相互扶助の精神にもとづいて、自主的な防災活動を行うことにより、災害（地震、風水害等）による被害の防止及び軽減を図ることを目的」（第３条）としている。そのため、発足当初は地縁をベースとした24班で構成されていた。東日本大震災発生の際、安否確認の報告は班単位で行われていたが、30分以上の時間を要したことから、時間の短縮をはかるため２～３班を合わせて、９防災地区に編制し直した。

　一方、松ヶ崎自主防災会は、平成19年7月26日、美里町の防災訓練が青生地区で開催されたのを機に組織化の機運が高まり、平成20年６月、防災組織（その後の規約改正により「防災会」と称す。）が正式に発足した。青生地域では最も早い設立であった。

　松ヶ崎自主防災会の特徴は次のような点である。
（１）「松ヶ崎自治会自主防災規則」は、第６条から成り立っている。その内容は、細部にわたる取り決めというよりは、「名称」、「事務所の所在地」、「目的」、「事業」、「会員」、「役員」を明示したものである。
（２）組織構造は、（序図-1）のように、事務局の下に5班からなっている。それぞれの班は、担当する役割が自動的に決められる。たとえば、「交通安全母の会」に属する人は「避難誘導班」を担当することになる。5班のうち、班長で構成される「情報収集・広報班」だけは、個人交替制である。

（3）　発足当初から、将来の地区の担い手として小学生の参加に重きをおいている。そのため、夏休み後半の日曜日に開催されてきた。

梅ノ木と松ヶ崎の二つの自主防災組織は成立の経緯や住民構成（新興住宅、地付層の割合）に違いはあるとはいえ、様々な機会を通して交流する機会をもっており、それが両者の相互理解につながっている。

序図-1　松ヶ崎自治会自主防災組織図

会長、副会長、事務局

班名	情報収集・広報班	避難誘導班	救出・救護班	初期消火班	給食・給水班
担当	自治会各班長及び副班長	交通安全母の会	PTA子供会、防犯協力、女性防火クラブ	消防団OB、女性防火クラブ、グランドゴルフ会	第一常磐会、食生活改善推進委員会
主な役割	被害状況の把握	住民の安全確保・避難誘導	救出用具を活用し救出活動・応急措置を施し救護所へ搬送	火災発生時、消火用具を活用し、初期消火	避難所における給食・給水

宮城県美里町松ヶ崎自治会資料

○合同防災訓練の開催

⑴　防災意識の高まりと合同防災訓練の実施

青生小学校のＰＴＡ活動をはじめ、敬老会の開催、民生委員同士の情報交換、あるいはコミュニティセンターを中心とした各種サークル活動、さらには地域内の共通する行政課題について、青生４行政区と笹館行政区を加えた５行政区の間ではしばしば話し合いが行われてきた。そして、東日本大震災の発生を機に、これまで以上に防災への取り組みの重要性が話題となった。

平成27年度、梅ノ木区長と松ヶ崎区長との間で、これまでは、行政区単独で実施してきた防災訓練を「合同の開催」ということが合意された。そのベースとなったことは、両者がそれまで実施してきた防災訓練の内容にはほとんど違いがみられなかったこと、区長同士の気心の知れた関係、住民の日常的な交流などが、その実現を後押しした。これらに加えて、平成27年９月９日～11日にかけて鳴瀬川上流域の渋井川が氾濫した。鳴瀬川の中流域に位置する両地域もかなり増水をみた。松ヶ崎地区で堤防の漏水箇所が発見されたこともあり、青生地区では水防に対する関心が高まった。一ヵ所の漏水箇所により、青生地域全体が水害の被害にあってしまうことが考えられた。

平成28年度から、堀切自治会も参加した三地区合同防災訓練が実施されることになった。

このあたりの事情について、梅ノ木と松ヶ崎の両行政区長は、合同防災訓練の有効性は認めつつも、「行政区単独で行う防災訓練の４～５倍のエネルギーを要した」という言葉に、実現に至るまでの難しさが表現されている。

合同防災訓練の実施に向けて、３月の事務局会議（会長、事務局長、事務局次長、指導部長）に始まり、当日を迎えるまで約半年間を要した。

(2)　平成28年度合同防災訓練の実施

参加人数は、堀切32人、松ヶ崎１２１人、梅ノ木93人、それに「給食・給水」班を加えて、総勢約２６０人であった。

宮城県鳴瀬川流域／水漏れ復旧箇所

梅ノ木行政区長は次のように話す。

「災害発生時には行政においても、十分な対応はできないことは当然である。そのためにも、同じ条件におかれている地域住民が連携して対応することが必要である。それぞれの地域が互いに知恵を出し合い、普段から連携し、問題を共有することこそが重要である」と。

梅ノ木行政区長や事務局長は、町内に限らず、県内各地で実施されている防災訓練にできるだけ足を運んだ。仙台市福住町内会とは相互支援の協定を結んでおり、活発な意見交換を行った。その後、利府町青山自主防災会との間でも話し合いがもたれるようになった。

後日行われた反省会では、合同防災訓練に対する評価は高かったが、実施を積極的に牽引してきた梅ノ木行政区長は、役員会の場において、「多くの地域で直面しているマンネリ化をどう克服するか」という問題提起をした。

宮城県美里町青生地区防災訓練／開会式

マンネリを克服するために、「防災」をより身近な問題とすることが重要であるという観点から議論が交わされた。その結果、導入されたのが、運動会方式である。確かに、東日本大震災以降、新聞紙上では毎日のように「防災」という言葉が登場するが、そのとらえ方は、人によりかなり異なっており、「難しい」、「面倒くさい」、「その時になれば何とかなる」と考える人も少なからず存在した。そのような住民を防災訓練に参加させるためには、かつて地域住民の多くが経験したことのある「運動会」という言葉をマッチングさせてはどうかという意見でまとまった。

水中訓練（合同防災訓練実行委員会提供）

(3)　平成29年度／運動会方式の実施

平成29年度の合同防災訓練には、的場柳原自治会も参加することになった。

運動会の種目は、「防災借り物競争」、「救出・救護訓練」、「土のう積み」、「水消火器リレー」、「バケツリレー」の5種目。それらに加えて、消火訓練と、消防団員による放水訓練も行われた。

運動会方式の防災訓練の特徴は次の三つに要約される。

第一は、実際の参加者はおよそ４０５人。４行政区人口の20％にも達した。人口の少ない堀切地区でも地区内の話し合いの結果、単独チームとして参加することが決定された。参加人員の多さは、ネーミングに興味をそそられただけでなく、各行政区で、防災訓練の仕方や参加選手の選考について話し合いが重ねられ、合同防災訓練の意味あいが着実に浸透していったこと。

第二は、小学生・中学生から高齢者にいたるまで、それぞれの年代に応じた参加種目が設定されたこと。

小学生や中学生の参加については、青生小学校と不動堂中学校への働きかけにより、学社連携がきわめてスムーズに運ぶことができた。とりわけ中学生は、災害発生時には、幼児や小学生、さらには高齢者の避難誘導という役割を担っている、という自覚を持つきっかけとなることを想定し、不動堂中学校では当日の部活動は中止という措置がとら

宮城県美里町青生地区防災訓練／消火訓練

れた。

第三は、地域内のすべての防災関係団体が実行委員として名を連ねたこと。

合同防災訓練の実施にあたっては、実行委員会が結成され、最高の意思決定機関として機能した。実行委員会は、各自治会、民生児童委員、美里町消防団第５分団、交通指導隊、防犯実動隊、青生小学校ＰＴＡ、女性防火クラブ、交通安全母の会、青生第１常磐会（老人クラブ）、同第２常磐会、食生活改善推進委員などから構成された。メンバーの多くは顔見知りの関係にあるとはいえ、それぞれの組織構造や機能について十分理解できていたわけではない。実行委員会は回を重ねるにつれ、他の組織に対する理解も深まり、「そのような見方、考え方もあるのか」という思いを抱く委員も少なくなかった。

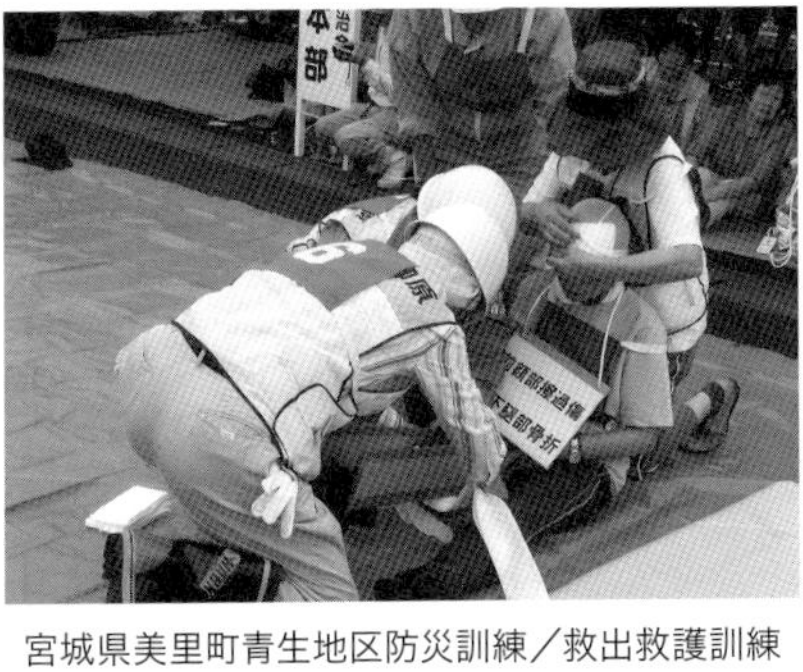

宮城県美里町青生地区防災訓練／救出救護訓練

○反省会から報告集の作成へ

平成29年度の合同防災訓練終了した3週間後の9月12日、実行委員会のメンバーを中心として反省会が行われ、次のようなことが主な話題としてとりあげられた。

①運動会方式を取り入れた結果、昨年度よりは盛りあがりが感じられた。

②災害発生時、「安否確認」はまさに生死の分岐点である。安否確認の重要性を地域全体で共有するには、合同防災訓練に、「安否確認」をいかに組み入れるかについて検討すべきである。高齢化や混住化現象の進展にともない、安否確認のハードルは以前よりも高くなっていることをまずもって自覚すべきである。

③運動会方式の採用により、それぞれの種目に対する真摯に取り組む姿勢が感じられた。それは、練習の積み重ねに他ならない。防災訓練は当日のみならず、準備段階から始まっていることを実感した住民は多い。

この点について、梅ノ木自治会班長が、梅ノ木自治会広報誌『みんなの広場』に投稿された「防災訓練に参加して思う」という一文を紹介したい。

いま、人と人との結びつきが希薄になりがちです。自治会活動はよい機会となります。そんな行事の一つに地域防災訓練がありました。合同訓練は二回目となり、幾度も打ち合わせを行いました。運動会方式とのことで、我が地区、わが班から救命救護訓練の選手を参加させ、自分も選手になりました。ケガ人の応急手当や竹と毛布で簡易担架をつくる練習を二度行い、少し自信が付いた気持ちで訓練当日を迎えました。地区の応援を受け、練習の成果が発揮され見事に上位入賞をしました。喜びは格別のものがあります。やはり、日頃の訓練と備えの必要性を強く感じました。

反省会の場において、この合同防災訓練を今後の地域全体の財産とするために、『青生地区合同防災訓練の記録』の作成が話題にのぼり、９月末にはＡ４判20ページの冊子が作成された。

○消防団（美里町第５分団）との関係

梅ノ木、的場柳原、松ヶ崎、堀切の４行政区は美里町消防団第５分団を構成し、分団と青生地区の範域は重なり合っている。そのため、第５分団と自主防災組織は、平成23年の東日本大震災、平成26年の鳴瀬川の増水、さらには多様な防災上の問題について、これまで様々な面で意思疎通をはかってきた。合同防災訓練では、第５分団は、その当日、積載車による広報活動、各種目の指導補助員、そして合同防災訓練の最後に行われる放水実施訓練の役を担っている。

分団長は合同防災訓練の副会長（３人体制）、女性団員は長年にわたる消防団員活動を通じて豊富な知識をもちあわせており、指導部長として事務局（４人）の一翼を担うとともに、合同防災訓練当日の進行役を務めている。

○合同防災訓練の有効性を高めるため

第一は、マンネリ化を克服する方策

全国的に、平常時において、自主防災組織の活動項目で、最も多い割合を占めるのが防災訓練である（平成28年における全国占有率／30・２％）。しかも、そのやり方には、「例年どおり」ということで、ほとんど変化はみられない。変化に乏しいことが、防災訓練のマンネリ化をもたらし、地域住民の防災訓練への参加率の低下を招いている。

２０１８年度の防災訓練の反省会の席で、梅ノ木区長は「厳しい反省をしないと次にはつながらない。多くの人は、『よかった』という声を寄せるが、それで満足しては、次のステップは見えてこない。多くの防災訓練が数年も経過すると、マンネリ化し、参加者は減少する」と指摘した。それに続けて、「常に防災訓練には創意・工夫が求められる」と。

第二は、住民の主体的な対応

合同防災訓練の実施にあたっては、地域住民が保持している情報を寄せ集め、それらを実行委員会で検討し最終的決定が行われた。このプロセスこそ、「住民による手づくりの防災訓練」なのである。現在では、多様な情報を手に入れることは容易である。しかし、それを模倣するだけでは地域の特異性が見過ごされ、防災訓練の効果は半減する。

第三は、防災意識の浸透の手段としての運動会方式

運動会方式は、多少なりとも互いに切磋琢磨する。それぞれの自治会では、本番を迎えるまで、出場メンバーの選定をはじめ、役員を中心として協議内容の徹底と練習時間の確保が行われた。このようななかで、常日頃から考えている地域防災について、本音

の話し合いができたという声があちらこちらから聞こえて来た。防災訓練の練習は、コミュニティの底辺部が形づくられるきっかけともなっている。

大会副本部長を務めた松ヶ崎区長は次のように総括している。

過去の災害経験から、「自分達の命は自分達で守らなければならない」ということについて、これまで何度も学んできた。災害は行政区という垣根をいとも簡単に破壊する。そのためにも、同じ河川流域に位置する地域、ましてや近接した地域では常日頃から連携の重要性を認識しなければならない。連携することにより、行政区単独で実行するよりも、調整には時間はかかるが、新たな視点から防災を考えるきっかけとなることは間違いない。

地域住民の防災意識の浸透は、「リュックサック」を背負い「飲み物」を携行して、「長袖シャツ」、「帽子」を着用して合同防災訓練に参加する住民が増えていることからもうかがえる。

第1章　自主防災組織の誕生と現状

○自主防災組織の誕生と高まり

　昭和34年９月に発生した伊勢湾台風は、犠牲者４、６９７人、行方不明者４０１人、住宅の全壊４０、８３８戸、半壊１１３、０５２戸という戦後最大の被害をもたらした。昭和34年当時、全国の消防団員数１、６３３、７９２名に対して、消防職員数は３８、４８９名。広範囲に及ぶ被害に対応するには、消防団への依存度合いは高かった。しかも、大規模災害においては、行政の限界を認めざるを得なかった。

　伊勢湾台風から２年後の昭和36年、「災害対策基本法」が制定された。災害対策基本法は、それまでの防災に関する法律が個別的、対処法的な側面が強く（『消防／現代行政全集24』３５７ｐ）、関連法律との統一性に欠けていたため、その反省にもとづいて制定された。

災害対策基本法の最大の特徴は、「国」、「都道府県」、「市町村」、「住民」、それぞれの責務を明確にしたことである。そして、住民の災害対策の基本理念として、第２条の第２項において次のように規定された。

> （前略）住民一人一人が自ら行う防災活動及び自主防災組織（住民の隣保協同の精神に基づく自発的な防災組織をいう。以下同じ）その他の地域における多様な主体が自発的に行う防災活動を促進すること。

「自主防災組織」という文言が、法律上はじめて登場した。自主防災組織の特徴としては、住民の主体的な活動であること、住民の隣保協同の精神にもとづく地縁関係をベースとした組織であること、の二点であった。その二つに加えて、自主防災組織は行政への協力機関と位置づけられた。

その後、大災害が発生するたびに、災害対策基本法は改正された。

平成7年1月17日(月)に発生した阪神・淡路大震災は、住宅の倒壊、ライフラインの壊滅的打撃、交通障害など典型的な都市型災害であった。そのことを踏まえ、同年6月16日と12月8日の二回にわたって、大幅な規約改正が行われた。6月16日の改正では、地域住民の責務として、第7条第2項では次のように規定された。

「(一部略)、地方公共団体の住民は、自ら災害に備えるための手段を講ずるとともに、自発的な防災活動に参加する等防災に寄与するように努めなければならない。」

とりわけ、阪神・淡路大震災では震源地に近い淡路島に位置する自治体、とりわけ全国的に注目された旧北淡町(現淡路市)においては、消防団、隣組、自主防災組織、民生委員の協働体制が効を奏し、被害を最小限にとどめることができた。これを機に、災害対策基本法が改正され、自主防災組織は住民の協力機関にとどまることなく、災害対策を積極的に行うことが期待され、事前の備えの必要性が明記された。

年々、自主防災組織の組織率は上昇したとはいえ、形式先行の感は否めなかった。この間、各地でさまざまな自然災害が発生し、大きな被害がもたらされたが、自主防災組織の活動は限定的であった。

多くの市町村議会では、「県内の他市町村の自主防災組織率と比較すると、我がマチは低い。できるだけ早く組織率を高める必要がある」と、議員から指摘されることも少なくなかった。

自主防災組織は、「自分たちの命を守る砦であり、そのためには、自分たちの住む地域社会の実態に即応する組織でなければ、絵に描いた餅に過ぎない」という批判に応えられるものではなかった。組織率が高くなることだけで、所期の目的が達せられたと勘違いする首長、議員は少なからず存在した。

有効性が危惧される自主防災組織に拍車をかけたのは、その設立にあたって、町内会や自治会総会の時に、ほとんど内容に関して吟味されることがなかったことである。そのため、住民にとっては、どのような組織なのか、また自分の役割について理解することもなく、組織が設立されたということである。

その結果、自主防災組織の会長や役員と一般住民の間の理解には、かなりの相違があった。そのことが組織率の高い割には、自主防災組織の行事への参加率の低さとなって表れた。そのため、自主防災組織は、「組織の体裁を整えるだけであれば、一晩でできる」と言われたのである。

○自主防災組織は身の回りに目を向けることが第一歩

自主防災組織が、有効に機能するためには、地域住民同士の議論は欠かせない。東北地方のY町を例にとりあげる。

昨年4月、自主防災組織の組織率が80%を超え、ほぼ全国平均に近づきつつあった。しかし、Bさんの住む行政区ではまだ自主防災組織がなかった。

昨年5月の連休前、行政区長と会ったとき、「先日、役場に行った際、そろそろ、区長さんのところでも、自主防災組織を立ち上げてはどうでしょうかね」と、担当課長から話されたという。

Y町では、東日本大震災以後、急速に自主防災組織が増え、Bさんの住む行政区の役員の間でも、自主防災組織のことが話題にのぼることが多くなった。

Bさんは行政区の総務部を担当しており、区長から話されたのを機に、これまでほとんど気にとめることのなかった自主防災組織に関して、Y町が全戸配布したパンフレットや新聞記事にも目を通すようになった。また、町内の他地区で行われている防災訓練にも積極的に足を運び、関係者から話を聞く機会をもった。それでも、Bさんは、自主防災組織は地域防災において、本当に有効なのであろうか、という疑問を拭いさることはできなかった。Bさんは、自らが抱いている疑問について、区長と話合いの場をもった。「とにかく、役員が集まって、意見交換をしよう」ということで、両者の意見は一致した。

7月初めに役員会が開かれた。多くの役員からは、本人の意思にもとづいて参加の有無を決めていいのか、あるいは具体的な運営方法などについて活発な意見交換が行われた。

自主防災組織を立ち上げるにあたって、Bさんと同じように、その有効性を疑問視する役員も少なからずいたが、「とにかく組織を立ち上げ、うまくないところはその都度、話し合って修正していこう」ということで、ほぼ全員の了承が得られた。8月初めには、会員の参加のもと、フリートーキング形式の話し合いが行われた。

その役員会で出された問題を大別すると、（1）自治会との関係、（2）行政との関係、

（3）主な活動内容、の三項目であった。それらのうち、（1）、（2）について検討する。

【自治会との関係】

自主防災組織と自治会の関係にかかわる議論は、「自主防災組織は自治会機構の一部」、あるいは「自治会とは一線を画した独立した組織」とに二分された。前者を代表する意見において、取りあげられたのは、自治会と一体化することにより、行政や自治会からの情報を得やすいということであった。この場合は、自治会長が自主防災組織の会長を兼ねるケースが多い。それに対して、「自治会と一線を画し、独立した組織」という意見では、自治機構の一部と位置づけると、自治会長の仕事の負担が多くなる、あるいは、自治会は行政の下請け機関的な意味合いが強くなる傾向は否定できなかった。しかも、消防署や消防団とのかかわりが強くなり、専門的な知識が求められることが予想され、役員のなり手がなかなか見つからないのではないかという意見もあった。

町内で先に組織化されていた、自主防災組織は、自治会長＝自主防災組織会長というケースがほとんどであった。しかも全戸加入を前提とし、自主防災組織と行政が緊密な関係を保つことで、自主防災組織はスムーズな運営ができるという考え方にもとづくものであった。

【行政の範例に準拠した組織】

町内の既存の自主防災組織の規約や機構は、ひとつの地区を除いて、町当局が作成した規約や組織機構に準拠したものであった。

自主防災組織は「それぞれの地域の特性に応じた組織である」ことが前提でなければ、有効性はあまり期待できない。

そのために、次のようなことについて配慮する必要がある。

・地形の特徴／海岸や河川との距離、地形が平坦か丘陵性か
・過去の災害の発生状況／津波や河川の氾濫、土砂災害
・避難経路、避難所／安全確保と代替場所の設置
・季節特有の危険性／雪害、道路の凍結状況
・一人暮らしの高齢者、高齢者世帯、要援護者などの把握

普段はほとんど見過ごしていることでも、話し合いを通じて、様々な課題が浮かびあがった。これらについて、地域住民の共通理解が必要不可欠である。そのためには、「自

分の住んでいる地域社会を知ることこそが第一である」。

さらに地域の抱えている課題や危険性は、いつも同じ状況ではない。たとえば、地域内に道路や橋梁、あるいは住宅団地などが建設されると、新たな問題が発生する可能性もある。地域社会を取り巻く状況の変化を把握するためには、年に数回程度は地域内の巡回活動をする必要があろう。とりわけ、避難所やそのコース周辺のわずかな変化については心しておかなければならない。

新たに気づいた問題については、地域懇談会や地区内の各団体の代表者の集まりで、様々な観点から話題にする必要がある。

「自主防災組織の運営は難しい」と考えていた住民も、自主防災組織が身近な存在であることに徐々に気づくようになる。そして、防災マップの作成、避難場所表示板、避難場所誘導標識などの設置の必要性も話題にのぼるようになった。

○「自主防災組織の手引き」の作成

昭和35年に発生したチリ地震津波は、我が国からおよそ１７、０００キロメートル離れた地域で発生した地震とはいえ、我が国における死者総数は１３９人にも達した。その後、長岡地震（昭和36年）、宮城県北部地震（昭和37年）、越前岬沖地震（昭和38年）、新潟地震（昭和39年）と、４年続けてかなりの規模の地震が発生した。当時、我が国は高度成長のはしりの時期であり、都市への人口流入が加速度的に進み、丘陵地の切り崩しや埋め立て地の造成により住宅団地が建設された。これらの地盤は軟弱なところが多く、地震発生にともない、がけ崩れや液状化により、物的被害はもとより、かなりの人的被害を被った。

　昭和46年、政府は「大都市震災対策推進要綱」を策定した。大都市の出現は、多くの被害が危惧され、市民自らが組織する自主防災組織の拡充は避けては通れなかった。

　その二年後の昭和48年８月、国は過疎・過密問題の深刻化や社会構造の変化に対応するため、消防庁防災課が中心となり、自主防災組織を推進するために、その範例ともいえる『自主防災組織の手引き』を作成した。

『自主防災組織の手引き』の「まえがき」には次のように書かれている。

　最近、新しい地域的連帯感に支えられた近隣社会（コミュニティ）をつくる運動がすすめられていますが、防災活動もこの運動のなかで、他のコミュニティ活動との協調のもとに積極的に推進されることが期待されます。

『自主防災組織の手引き』は、その後、経済的、社会的状況の変化により、何度か改正されたが、根幹の部分においてはさほど大きな違いはない。その特徴について次の五点を指摘したい。

（1）範囲の規模は、住民の日常生活にとって、基礎的な地域として一体性を有する地域であること。

（2）当該地域に既存の防災活動を行っている組織があれば、その組織との連携を積極的にはかること。とりわけ地震対策に関する活動内容の充実をはかること。

（3）メンバーは、世帯を単位とすること。

（4）主な任務分担は、防災知識の普及、防災訓練の実施、情報の収集、伝達、出火防止、初期消火、救出救護、避難誘導、給食・給水などがあげられる。編制としては、当該地域の特性を考慮して、情報班、消火班、救出救護班、避難誘導班、給食・給水班などを設けること。

（5）平常時の主な活動としては、防災に関する知識の普及、防災訓練、火気使用設備器具等の点検、防災資機材の備蓄。一方、災害時の活動内容としては、情報収集・伝達、出火防止及び初期消火、避難訓練、救出救護などが中心であること。

東日本大震災直後に、大幅な改正が行われた。その第1章「安心・安全な地域づくりに向けて」の項の第1節「地域の安心・安全が求められる背景」として、「自然災害の多発と大規模な地震災害の切迫性」、「地域社会とのつながり、結びつきの希薄化」の二項目が取りあげられた。

その章では、我が国の自然条件と社会構造の変化に対応した地域社会の安心・安全確保の必要性について次のように指摘されている。その一部を抜粋する。

現代社会は、生活様式の多様化による個別化が進展し、近隣集団のつきあいも希薄化している。そのため、自然災害や犯罪の増加といった問題が発生しても、問題の解決がなかなか前進しない状況が生まれている。そのことにより、地域社会が本来的に保持している自浄作用が著しく低下し、問題が深刻化している。その様な状況を打破するために、近隣集団がより対応能力を向上させるために、自主防災組織は必要不可欠な存在である。

平成26年８月20日㈬に発生した広島市安佐北区・南区の土砂災害（犠牲者・行方不明者76人）、同年９月27日㈯の御岳山噴火（同63人）、11月22日㈯には、最大震度７、犠牲者２７３人の熊本地震が発生した。これらの災害を通じて、地域社会の安全・安心にとって、即応性のある自主防災組織の役割がこれまで以上に重要視されている。それらをふまえて、平成29年３月、『自主防災組織の手引き（改訂版）』が作成された。そのなかで、「他組織との連携の拡充」、「避難行動要支援者対策」、「避難所運営の取組」について、事例をあげながら具体的に記述されている。

○自主防災組織の災害対応力

大規模災害が発生した際、最小72時間は被災地住民が対応しなければならない場面は多い。そして、消火活動や倒壊家屋からの救助活動が一段落すると、かつては、多くの被災住民は近くの親類や知人を頼って、身を寄せるということが多かった。ところが、今日では、地域の避難所において、自主防災組織が中心となり被災住民の救助・救援活動を行い、一定期間を過ごすことが一般化している。しかも、自主防災組織は災害発生時の避難・誘導、避難所運営、さらには復興住宅の建設、町づくり構想まで深くかかわるようになっている。

平成29年3月、消防庁が取りまとめた『自主防災組織等の充実強化方策に関する検討会報告書』にみられたアンケート調査結果（問22／課題）によれば、今日的課題として、「リーダー等の人材育成が進んでいない（リーダーのなり手がいない）／29・9％」、「防災活動への参加者が少ない／23・6％」、の二項目が突出していることからして、自主防災組織のリーダーの確保と地域住民の参加への方策には課題も多い。

第2章　消防団と自主防災組織の実態

○消防団員数と自主防災組織の組織率の推移

平成2年～令和2年までの消防団員数と自主防災組織の組織率（組織されている一定地域の世帯数を管内世帯数で割ったもの）を表したのが（表2-1）である。

5年間隔でみると、消防団員はそれぞれ約2～5万名の減少である。消防団員の減少人数は平成12年～17年にかけて最も多く、他の年次と比較して2倍以上に達している。平成12年は、分団数25、322であったのに対し、同17年24、384で、938の減少であった。これは平成の合併にともない消防団の再編が行われたことによるものである。

一方、自主防災組織の組織率は、平成7年と平成12年の比較では、12・3%、その後は6・0%～8・0%の増加で推移した。平成7年の阪神・淡路大震災において、その評価が高まると、低い組織率の自治体では行政サイドの強い指導があったことがうかがえる。消防団員数と自主防災組織の組織率は正反対に推移した。

そして、（表２-２）のように、平成元年の全国平均組織率は38・０％であったが、令和２年は84・３％にも達した。この年は、組織率が90％以上の都道府県は「25」を数え、平成25年と比較して３倍以上の増加である。

○消防に関する特別世論調査（内閣府）から浮かびあがるもの

内閣府は、東日本大震災後まもなく、全国20歳以上の日本国籍を有する３、０００人を対象として、消防に関する個別面接調査を実施した。回収

（表 2-1）消防団員数と自主防災組織の組織率の推移

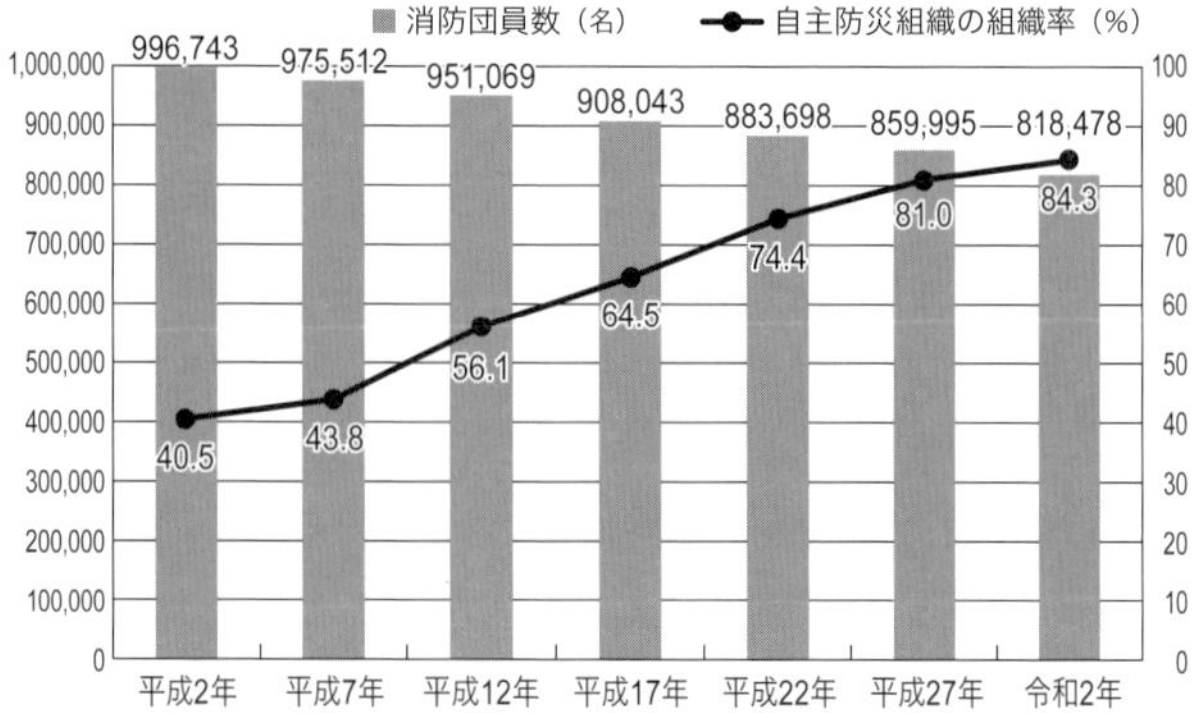

各年次の『消防白書』より集計

率は62・1%。調査の実施期間は、平成24年8月23日～9月2日であった。消防団に関する調査項目は「5」、そのうち「認知度」、「入団意識」、「入団しない理由の3項目」、一方、自主防災組織に関しては「関心度」と「参加意識」の2項目を取りあげる。

同じような調査は、消防団に関しては平成元年と15年、自主防災組織については平成15年にも行われている。

【消防団】に関して

「認知度」

消防団について、「知っているか、どうか」という問いでは、「知っている」が、平成元年82・0%、15年86・3%、24年91・1%と、高くなる傾向がみられる（表2-3）。

（表2-2）自主防災組織の組織率の都道府県数の推移

組織率	平成元年	平成5年	平成10年	平成15年	平成20年	平成25年	令和2年
0～10%未満	10	6	3	1	1	0	0
10～20%未満	9	8	5	1	0	1	0
20～30%未満	10	10	6	8	2	0	0
30～40%未満	4	7	4	5	1	1	1
40～50%未満	5	4	7	4	4	1	0
50～60%未満	2	4	9	11	7	4	1
60～70%未満	2	2	4	5	10	2	2
70～80%未満	3	3	4	4	11	14	6
80～90%未満	0	1	3	4	6	16	12
90～100%	2	2	2	4	5	8	25
全国平均（%）	38.0	43.1	53.3	61.3	71.7	77.9	84.3

各年次の『消防白書』より集計（4月1日付）

「入団に対する意識」

入団加入の是非をみると、「入る」は平成元年12・7％、15年13・3％、24年17・5％であり、認知度と同じような傾向がみられる。一方、「入らない」は平成元年72・8％、15年69・5％、24年72・6％と、ほとんど変化はみられない。「わからない」は、平成元年11・1％、15年10・8％、24年5・1％と、平成元年平成15年と24年を比較すると、大幅な減少である。平成24年は東日本大震災直後で、消防団員の犠牲者の多さや消防団活動の内容から、入団への迷いが見受けられる（表2-4）。

「入団しない理由」

「消防団に入らない」という回答者に対して、その理由を問うと、上位5項目（調査年次により、多少の文言上に違いはある）は、「体力に自信がない」（平成

（表 2-3）消防団の入団希望について

調査月	該当者数（人）	知っている（%）	知らない（%）
平成 元 年 7 月	2,322	82.0	18.0
平成 15 年 5 月	2,113	86.3	13.7
平成 24 年 8 月	1,864	91.1	8.9

出典）内閣府大臣官房政府広報室世論調査担当

（表 2-4）消防団の入団に対する意識

調査月	該当者数（人）	入る（%）	入らない（%）	すでに入っている（%）	わからない（%）
平成 元 年 7 月	2,322	12.7	72.8	3.4	11.1
平成 15 年 5 月	2,113	13.3	69.5	6.3	10.8
平成 24 年 8 月	1,864	17.5	72.6	4.8	5.1

出典）内閣府大臣官房政府広報室世論調査担当

元年27・9%→15年53・8%→24年46・7%)、「高齢である」(平成24年39・3%)、「職業と両立しそうにないと思う」(平成元年24・6%→15年27・7%→24年29・6%)の三項目の割合が高い。それらに続くのが、「男の役割だと思っている」(平成15年21・6%→24年16・9%)、「活動の内容がよくわからない」(平成元年6・2%→15年8・4%→24年10・9%)であった(表2-5)。

【自主防災組織】に関して

「関心度」

「関心を持っている」と「どちらかといえば関心を持っている」の合計は、平成15年62・8%に対し、平成24年81・7%と、およそ20%近くも高くなった(表2-6)。

(表2-5) 消防団に入団しない理由

消防団に入団しない理由	平成15年5月	平成24年8月
・体力に自信がない	53.8%	46.7%
・高齢である	※	39.3%
・職業と両立しそうにないと思う	27.7%	29.6%
・男の役割だと思っている	21.6%	16.9%
・活動の内容がよくわからない	8.4%	10.9%
・自分や家族のために使える時間を減らしたくない	7.4%	9.9%
・危険な活動を行うという印象がある	8.2%	9.8%
・訓練などに参加するのが面倒	6.5%	7.7%
・魅力を感じない	2.2%	3.8%
・消防署にまかせればよい	6.8%	3.3%

出) 内閣府大臣官房政府広報室世論調査担当
※項目設定なし

とりわけ、「非常に関心を持っている」は、二倍を超えた。災害発生時から生活再建までの過程において、自主防災組織の多様な関わり方、さらには東日本大震災直後という混乱した状況下にあって、有効な情報源として評価されたと思われる。

「参加意識」

自主防災組織に参加する理由に関する質問にあっては、提示された項目（「参加したいとは思わない」、「わからない」の二項目を除く）の単純合計では、平成15年は「241・9」に対して、平成24年は「355・0」と大幅に増加している。両年次の内容を比較すると、10％以上の増加項目は、11項目中7項目にも達する（表2-7）。なかでも「大災害が発生した時に互いに助け合えるよう、地域の人々が参加する訓練」（16・4％）、「水や食料や生活物資などの配布や、避難場所の運営」（17・6％）、「災害時の行動や情報伝達の計画を立てることや、活動の資機材の備蓄」（15・0％）の割合が高い。これら三項目は、東日本大震災の経験から、現実的な問題として受け止められたと思われる。

（表 2-6）自主防災組織に対する関心度

項　　目	平成 15 年	平成 24 年
(A) 関心を持っている	18.9%	45.8%
(B) どちらかといえば関心を持っている	43.9%	35.9%
(A)＋(B)	62.8%	81.7%
(a) どちらかといえば、関心を持っていない	31.2%	17.0%
(b) 関心を持っていない	3.0%	11.3%
(a)＋(b)	34.2%	5.7%

出）内閣府大臣官房政府広報室世論調査担当

（表 2-7）自主防災組織への参加に対する意識（単位 %）

項　　目	平成 15 年	平成 24 年	平成 24 年−15 年
火災や地震や風水害に知識、初期消火や応急手当の知識・技術などを身に着けるための講習	38.3	49.8	11.5
大災害が発生した時に互いに助け合えるよう、地域の人々が参加する訓練	32.1	48.5	16.4
水や食料や生活物資などの配布や避難場所の運営	30.3	47.9	17.6
初期消火や救助や応急手当などの活動	39.9	41.7	1.8
災害の状況、被害の発生状況、避難場所の状況など情報の伝達	25.9	35.3	9.4
被災した人々の避難場所への誘導	19.5	31.5	12.0
被災地域の住民の安否情報の整理	15.1	28.8	13.7
災害時の行動や情報伝達の計画を立てることや活動用機材の備蓄	11.8	26.8	15.0
防火を呼びかける広報や、家庭をまわり火災予防の点検を呼びかける活動	17.1	23.8	6.7
地震時の住宅への被害を少なくするための対策（耐震対策）を呼びかける活動	9.7	19.9	10.2
その他	1.2	1.0	−0.2
参加したいとは思わない	19.2	9.7	−9.5
わからない	4.9	2.1	−2.8

出）内閣府大臣官房政府広報室世論調査担当

○宮城県内の自治体対象のアンケート調査

前項の「消防に関する特別世論調査」が全国レベルのアンケート調査であったのに対して、東日本大震災で大きな被害を受けた宮城県では、平成26年10月30日～11月20日に自主防災組織に関する19項目からなるアンケート調査が実施された。実施自治体は「34」(仙台市は除く)で、調査対象の自主防災組織は2、654組織、郵送方法で行われた。回収率は71・7％であった。

質問項目のなかで、「あなたの自主防災組織では、東日本大震災発生前にどのような組織と連携していましたか。(複数回答)／問8」、「東日本大震災発生時にどのような組織との連携があなたの自主防災組織の活動に効果がありましたか。(複数回答)／問12」、「東日本大震災の教訓を受けて、あなたの自主防災組織ではどのような組織との連携が必要だと考えておりますか(複数回答)／問15」)は、「震災前」、「震災時」、「震災後」のそれぞれの時期における、他組織との「連携の有無」、「連携の評価」、「今後の連携の相手」に関する内容である。質問内容は多少の文言上の違いはみられるが、次のようなことをうかがうことができる(表2-8)。

第一は、連携の相手数（「連携していない」「無回答」は除く）は、「東日本大震災前」は３、６６１、「東日本大震災時」は３、２５６、「東日本大震災後」は６、２５６である。「東日本大震災前」と、「東日本大震災後」を比較すると、東日本大震災後は二倍近くも増加した。このことは、連携の多様性が反映されていると考えられる。

第二は、いずれの時期においても、自主防災組織の連携の相手は「消防団」と「民生委員・児童委員」の割合が高い。これら二つの組織は、災害発生時に限らず、平常時も地域住民との深い関わりがあり、身近な存在と受け止められていたと考えられる。

第三は、「東日本大震災後」における連携団体

（表 2-8）自主防災組織の連携相手の推移（単位は%）

項目	発生前	発生時	発生後
消防団	61.1	46.2	64.9
民生委員・児童委員	58.5	46.7	58.7
他の自主防災組織	20.5	18.4	47.1
社会福祉協議会・福祉団体	19.7	15.0	38.6
学校	12.1	10.8	33.9
ボランティア団体	4.4	9.0	20.2
民間企業	2.8	5.8	18.2
医療機関	2.3	2.7	31.0
NPO 法人	0.3	1.4	4.8
県外の他の組織	0.2	1.5	3.6
その他	10.4	13.4	7.7
連携していなかった	14.9	15.8	1.8
無回答	2.8	7.4	8.6

「東日本大震災時における宮城県内自主防災組織の活動実態調査報告書」
平成 27 年３月
※「連携の必要は考えていない」

のうち、「他の自主防災組織」、「社会福祉協議会・福祉団体」、「学校」、「ボランティア団体」、「民間企業」、「医療機関」の増加が著しい。なかでも、「医療機関」の高さが目立つ。今日のような高齢化社会では、生活するうえで、通院や常備薬の携行は必要不可欠である。そのため、長期にわたる避難所生活では、医療機関との連携は欠かせないことが反映されている。

今回のような津波被害により、内陸市町村と沿岸市町村では、東日本大震災後における自主防災組織の連携の相手は異なっている（表2-9）。両者において、東日本大震災前と東日本大震災時には「連携していなかった」ことが15％前後と高いが、震災後は、沿岸市町村が1・4％、内陸市町村で

（表 2-9）自主防災組織の連携の相手／内陸市町村と沿岸市町村別割合

（単位％）

項目	震災前			震災時			震災後		
	全体	沿岸市町村	内陸市町村	全体	沿岸市町村	内陸市町村	全体	沿岸市町村	内陸市町村
消防団	61.1	55.8	63.8	46.2	39.8	49.4	64.9	57.4	68.8
民生委員・児童委員	58.5	55.1	60.3	46.7	40.6	49.9	58.7	55.2	60.5
他の自主防災組織	20.5	25.7	17.8	18.4	22.2	16.4	47.1	47.0	47.2
社会福祉協議会・福祉団体	19.7	12.4	23.5	15.0	13.2	15.9	38.6	31.3	42.3
学校	12.1	18.2	9.0	10.8	18.7	6.8	33.9	42.1	29.7
ボランティア団体	4.4	2.5	5.3	9.0	14.8	6.1	20.2	24.4	18.0
民間企業	2.8	2.3	3.1	5.8	6.7	5.3	18.2	16.8	19.0
医療機関	2.3	2.2	2.3	2.7	4.5	1.8	31.0	31.7	30.6
NPO 法人	0.3	0.5	0.2	1.4	3.6	0.3	4.8	7.5	3.4
県外の他の組織	0.2	0.2	0.2	1.5	3.6	0.5	3.6	6.2	2.3
その他	10.4	11.4	9.9	13.4	14.5	12.9	7.7	8.6	7.2
連携していなかった	14.9	14.3	15.1	15.8	15.6	15.9	1.8	1.4	2.0
無回答	2.8	3.0	2.8	7.4	6.1	8.1	8.6	9.0	8.3

「東日本大震災時における宮城県内自主防災組織の活動実態調査報告書」
平成 27 年 3 月

は2・0%と、かなり減少している。この結果から、被害の少なかった内陸部においても、自主防災組織が評価されたことがわかる。そして両者の震災時と震災後の連携の相手として、(「その他」、「連携していなかった」の二項目を除く)、沿岸市町村と内陸市町村を問わず、「消防団」、「民生委員・児童委員」、「他の自主防災組織」が上位3位以内を占めている。両者において、10%以上の差がみられるのは、「学校」と「社会福祉協議会・福祉団体」である。とりわけ、沿岸部においては、「学校」の割合が42・1%と高いことは、多くの小・中学校が避難所であったことと関係していることがうかがえる。

○災害弱者とのかかわり

全国的に高齢化・少子化、過疎化が急激に進んでおり、東日本大震災の津波による被災地は、そのような傾向がより顕著な地域が多い。

平成18年3月、国においては「災害時の要援護者の避難支援ガイドライン」の改定が行われた。改定ガイドラインによれば、「災害時要援護者」とは、高齢者、障がい者、外国人、乳幼児、妊婦と規定され、その対象者に対しては、日常から、福祉関係者はもとより消防団や自主防災組織間における情報の共有、伝達体制の整備が求められた。

東日本大震災では、日常において、自主防災組織と消防団、民生委員・児童委員との連携がはかられていた地域では、事がスムーズに運んだ事例は多い（『消防団の闘い』日本消防協会）。

平成25年6月、東日本大震災の反省から、災害対策基本法が大幅に改正された。その結果、市町村長に避難行動要支援者名簿の作成が義務づけられた。「避難行動要支援者名簿の作成、活用」（総務省消防庁防災課『日本の消防2017．1』）によれば、平時からの名簿情報の提供先として、民生委員の割合が突出している（表2-10）。とはいえ、民生委員一人あたりのカバーする範囲があまりにも広いため、自主防災組織や消防団等の組織との連携は不可欠である。

秋田市旭南一丁目A町内会では、災害発生時の行動として、次のような手順で行うことが取り決められている。

①家族の安全確認→②周囲の様子や災害に関する情報の確認→③連絡指示を待つことなく、ただちに支援活動（要援護

（表2-10）平時からの名簿情報の提供先

名簿提供先	割合（%）
民生委員	91.5
消防本部・消防署	77.7
自主防災組織	75.6
社会福祉協議会	69.5
都道府県警察	67.5
消防団	56.0
その他	52.3

総務省消防庁　防災課『日本の消防　2017. 1』

者安否確認）を行う。そして、要援護者の安否確認を行い、確認の結果を三色で色分けした「安否表示ステッカー」に記入し、玄関ドア等人の目につく場所に貼ること。

また、要援護者宅で確かめる事項としては、「要援護者の住まいの確認（破損状況）」、「要援護者及び家族の確認（負傷等の状況）」、「避難の必要性（緊急度、必要な人員など）」。その後、活動状況を「安否確認表」に記録し、集合場所に戻り、本部担当者に報告する。

『旭南一丁目Ａ町内会自主防災計画　他の資料』より

宮城県七ヶ浜町汐見台３丁目自主防災会では、要支援者が避難所生活を送るにあたって、常備薬の情報を把握することの重要性から、「治療中の病気」、「かかりつけ医療機関」、「緊急時の連絡先」を記した「医療情報」を、行政、行政区長、民生委員、自主防災組織の会長が保管し、お互いが連携することにより、素早い対応がはかられている。

『東日本大震災時における宮城県内自主防災組織の活動実態調査報告書〈概要版〉』

○自主防災組織の活動内容

『消防白書』では自主防災組織の任務は、「平常時の任務」と「非常時の任務」とに大別される。両者の組織数比率は、およそ35対65で、年次的には大きな違いはない。

「平常時」と「非常時」の内容について触れておきたい。

平常時は、「防災訓練」と「防災知識の普及」の二項目の比率が高い（表2-11）。この二つは自主防災組織の基本的な活動のあり方を学ぶ機会となる。

20年間の推移では、減少傾向はみられるとはいえ、両者合計で60％を占める。この間、「防災巡視」が増加している。要災害援護者に対する定期的な巡回活動や、災害気象予報にもとづく緊急対応の準備等の増加が反映されている。

一方、「非常時」においては、「その他」を除いた6項目の比率は、ほとんど変わらない（表2-12）。これら6項目は、

（表2-11）平常時の任務とされている活動項目別自主防災組織数（単位%）

年次	防災訓練	防災知識の普及	防災巡視	三角バケツ消火器等の頒布又は共同購入	その他	計
平成10年	34.4	31.7	17.3	11.3	5.3	100.0
平成15年	33.3	31.1	20.3	9.3	6.0	100.0
平成20年	32.1	29.7	21.2	10.3	6.8	100.0
平成25年	30.8	31.2	21.7	11.6	6.9	100.0
平成29年	30.1	28.7	21.6	12.6	7.0	100.0

各年次の『消防白書』より作成

消防団活動をはじめ、地域防災機関の活動とかなり重なっている。それらが効率的な活動を行うには、普段から連携のあり方を話し合っておく必要がある。「災害危険箇所等の巡視」と「災害危険箇所等の巡視以外の情報収集・伝達」の増加は、「地域を知ることが防災の原点であるということ」の理解が浸透していることをうかがわせる。

（表 2-12）非常時の任務とされている活動項目別自主防災組織数

年次	災害危険箇所等の巡視	災害危険箇所等の巡視以外の情報収集・伝達	初期消火	負傷者等の救出救護	住民の避難誘導	給食給水	その他	計
平成10年	11.0	16.9	19.0	16.6	16.6	15.8	4.1	100.0
平成15年	11.3	17.0	19.5	16.0	16.8	15.3	4.1	100.0
平成20年	11.8	17.3	18.1	16.5	17.0	14.5	4.8	100.0
平成25年	12.4	17.4	17.2	16.2	16.9	14.6	5.3	100.0
平成29年	12.6	17.4	17.0	16.4	16.6	14.5	5.5	100.0

各年次の『消防白書』より集計

第3章

消防団と自主防災組織の距離感

○消防団と自主防災組織の連携のはじまり

消防団と自主防災組織は、生まれも育ちも異なる。

消防団は江戸時代にムラに存在した若者契約が起源とも言われている。そのメンバーは、一定の年齢に達したムラの若者であり、防災、防犯、祭りの執行など、ムラの生活ときわめて密接にかかわりあっていた。明治政府の強い指導により、若者契約の多くは消防組と名称が変更された。昭和23年、消防組織法の制定により、「消防団」と呼ばれるようになった。消防団になっても、今日なお、伝統的な組織構造や災害対処法が存続されている側面はある。

一方、自主防災組織は、第1章で指摘したように昭和36年に成立した災害対策基本法

第5条の第2項に明記された。その基本理念は「全ての国民が防災とかかわる責務がある」という考え方にもとづき、「住民の隣保協同の精神に基づく自発的な防災組織」（『逐条解説災害対策基本法　第二次改訂版』）と規定された。

消防団と自主防災組織の違いは、災害対応のあり方と指示命令系統に示されている。

消防団は、団長―分団長―部長―班長という階級制度にもとづき行動する。一方、自主防災組織はあくまでも組織の範域が活動の中心である。しかもその運営方針は、会長をはじめ役員を中心とした合議制によって決定される。

平成8年版の『消防白書』では、自主防災組織が独立項目として取りあげられた。

阪神・淡路大震災後、国は自主防災組織が災害時に有効に機能したことから、それを育成するために、運営費に加えて各種資機材購入費の現物支給を行い、組織率の向上をはかった。

○消防庁検討委員会の「消防団と自主防災組織のかかわり」の経緯

阪神・淡路大震災の翌年から、消防庁は「団員確保」、「団員制度」、「コミュニティの形成」、さらに「自主防災組織との連携のあり方」といった社会・経済状況に応じた消防団の課題について、検討委員会を設置し議論を重ねた。

その過程で「連携」という言葉が重要なキーワードとしてクローズアップされた。平成8年にまとめられた「大規模災害時における消防団活動のあり方」の報告書では、阪神・淡路大震災において、行政機能がマヒ状態の状況下にあって、消防団が自主防災組織や住民と連携して消火活動や救助活動を行い大きな成果をあげたことが指摘されている。

具体的には、顔見知りの消防団員の呼びかけに応じて、地域住民が効果的な消火作業や救助活動、普段から交流のある消防団と青年団の協力体制、分団長の要請に応じて、住民それぞれが保持している重機やバール等の資機材を持ち寄っての救助活動、などの事例が取り上げられている。

平成11年度における「消防団と地域の自主防災組織等との連携のあり方」の報告書では、平成8年~10年の議論を踏まえて、消防団と自主防災組織との連携のあり方について具体的な提言が行われた。

それは次の二点に要約することができる。

第一点は、我が国のような災害大国においては、災害の影響が、広範囲かつ長期間に及ぶことは珍しいことではない。そのゆえに、災害発生に備えた行動のあり方を、常日頃から国民一人ひとりが認識するとともに、自主防災組織率の向上と、消防団員の確保をはかること。

第二点は、消防団と自主防災組織、行政が連携をはかるためには、様々な機会を活用して議論を重ね、相互理解を深める必要があること。そのためにも、お互いの組織の実態や対応のあり方について率直な意見交換を行う必要があること。

さらに消防団と自主防災組織との連携の取り組みとして、全国から抽出された２３４の自主防災組織を対象として、アンケート調査が実施された。

その概要について以下に記す。

平常時における消防団と自主防災組織の具体的な連携のあり方として、「訓練の参加・指導」が81・9％と圧倒的に多かった。防災訓練は、従来のように、消防署が前面に出て指導するということではなく、消防団がその任を担うことにより、消防団と自主防災組織の相互理解が深まる、と指摘された。それに続くのが、「ＯＢが自主防災組織の役員として就任」（28・2%）である。OB団員の保持している防災知識は即戦力として活用できることが強調された。

災害時には、「随時連携して活動」（71・1%）が、最も高い割合を占めた。普段からのかかわり方が災害発生の連携の成否を決めることはいうまでもない（表3-1）。

この検討会で取りまとめられた報告書の第4章「消防団と自主防災組織等との連携のあり方」の項では、消防団は自主防災組織に対して、「災害時には協力機関、平常時はアドバイザー」という二面性を保持する存在と位置づけられた。

これらをスムーズに遂行するためには、①自主防災組織の組織率の向上の推進、②自主防災組織の活性化を図るために、日常的に地域の実情を把握し計画的な訓練の実施、③自主防災組織の構成メンバーの防災意識の向上、④消防団の知識を活用し自主防災組織の育成にかかわること、などが取りあげられている。

（表 3-1）消防団の活動内容（平常時と災害時）

平常時（122 市町村）		災害時（106 市町村）	
訓練への参加・指導	81.9%	随時連携して活動	71.1%
ＯＢが役員として就任	28.2%	地域防災計画に基づき出動	20.8%
訓練計画の立案	20.8%		
講習会等を共同して開催	14.8%		
出初め式等消防団の行事に参加	11.4%		

「消防団と地域の自主防災組織等との連携のあり方に関する報告書」より

○災害対策基本法の改正の経緯

阪神・淡路大震災の教訓から、平成7年には二度にわたり災害対策基本法が改正された。とりわけ、12月の改正は、「災害対策基本法の改正としても、昭和36年の制定以来の大改正となっている」（『災害対策基本法〔改訂版〕』）と言われるほど、その内容は多岐にわたっている。

その改正に呼応して、平成12年消防庁告示第1号により、「消防力の基準」が全面的に改正された。とりわけ、これまでは消防団員の総数の算定の基礎としては、「火災の鎮圧に関する業務」、「火災の予防及び警戒に関する業務」、「救助に関する業務」「地震、風水害等の災害の予防、警戒、防除等に関する業務」、「消防団の庶務に関する業務」、「地域の実情に応じて、特に必要とされる業務」など、いわゆる災害対応による必要人員が根拠となっていたが、「地域住民等に対する協力、支援及び啓発に関する業務」が新たに加えられた。

その具体的業務として、「自主防災組織に対する協力・支援」、「応急手当の普及指導」、「祭り、イベント等への参加を通じた防火意識の啓発」、「木遣りや音楽隊等の活動を通じた防火意識の啓発」、「老人ホーム等各種施設、団体での防火啓発」などが取りあげられた。これらの業務は、地域住民相互の協力関係強化であり、まさに地域コミュニティ形成の役割を果たす要因でもあった。このことはコミュニティが地域防災の底辺部を形成する。このことにより、地域防災のあり方に大きな影響を与えることを明示している。

これまでは、消防団、自主防災組織、隣組などがそれぞれ保持している情報は各組織内では共有されていたが、他の組織と共有されることはほとんどなかった。そのため、災害時、一人暮らしや高齢者世帯に関する情報は、きわめて限られた一部しか知ることはできなかった。

この検討会では、「消防団と地域の自主防災組織との連携に関する取り組み事例集」として「22」がとりあげられている。それらのうち、三つの事例について、以下、紹介する。

【福島県三春町】

消防団と自主防災組織が住民からの通報や要望をもとにして災害危険箇所を共同調査するとともに、防火講話会で論議し、特別警戒を実施するなど災害の未然防止に努めている。

【兵庫県神戸市】

平成7年7月に策定された「神戸市消防基本計画」を受けて設置された「消防団業務装備等検討委員会」の報告により自主防災組織への指導が消防団の役割として明確に位置づけられた。消防団は自主防災組織の結成段階から積極的に参画し、指導を行うことになった。最近では建物火災において消防団と住民の連携による消火活動が行われた例もあり、団員が地域活動におけるリーダーシップをとることにより、住民の信頼と理解を得るとともに、消防団の活性化及び団員確保にも繋がっている。以下、一部略

【宮崎県宮崎市】

夜間、火災発生時の老人ホーム入園者の避難には困難がともなうため、平成5年に地元の消防団・分遣所及び自治会と避難についての協定書を結んだことから合同防災訓練が行われるようになった。

毎年実施される合同防災訓練により、消防団と老人ホーム職員・入所者・地域住民等の信頼関係が生まれるとともに、消防団にも入所者の実態について理解されてきている。

○地域防災計画と地区防災計画

国の「防災基本計画」の趣旨を踏まえ、都道府県では「都道府県地域防災計画」、市町村では「市町村地域防災計画」の策定が義務づけられている。地域防災計画のなかに網羅すべき事項の一つとして、消防団と自主防災組織にかかわる事項がある。その記述内容は、両者の機能や組織形態、そして両者のかかわり方が中心である。それぞれのレベルで策定される地域防災計画は、上位レベルとの整合性が図られている。

静岡県と浜松市の地域防災計画における自主防災組織と消防団との関係を、みておこう。

【静岡県地域防災計画】

平成29年８月に策定された静岡県地域防災計画では、第２章「災害予防計画」の第８節７「自主防災組織と消防団との連携」の項では、次のように記述されている。

・消防団は地域住民により構成される消防機関であり、自主防災組織の訓練に消防団が参加し、資機材の取扱いの指導を行ったり、消防団OBが自主防災組織の役員に就任するなど、組織同士の連携や人的な交流等を積極的に図ることとする。
・消防団と自主防災組織の連携等を通じて地域コミュニティの防災体制の充実を図るものとする。また多様な世代が参加できるような環境の整備などにより、これらの組織の日常化、訓練の実施を促すものとする。その際、女性の参画の促進に努めるものとする。
・県及び市町は、消防団について、加入促進による人員の確保、車両・資機材の充実や教育・訓練の充実に努めるものとする。

【浜松市総合計画】

総合計画「水害等対策編　第1章災害予防計画第13節自主防災組織の育成」の「2　消防団との連携」の項では次のように記述されている。

・消防団は地域住民により構成される消防機関であり、自主防災組織の訓練に消防団が参加し、資機材の取扱いの指導や消防団OBが自主防災組織の運営に関わるなど、連携や人的な交流を図る。

・他の防災組織との消防団と自主防災組織の連携等を通じて、地域コミュニティの防災体制の充実をはかるとともに、多様な世代や女性の参加を促すなど、地域の防災力の強化を促進する。

平成25年６月、災害対策基本法が改正された。改正災害対策基本法の第42条第３項において、制定された地区防災計画は市町村内の一定の地区内で自由に範域を設定することが可能となり、その地区内に住む住民の自発的な防災活動を推進するものである。

東日本大震災でみられたように、隣接する「浜」であっても、被害規模や被害実態にかなりの違いがみられた。また平成の合併により行政区域が拡大した結果、「平野部」、「山間部」、「沿岸部」のエリアが同一行政区域に存在することが多くなった。そのため、一市町村全体というよりは、同質のコミュニティを共有する一定の地域に適合した防災計画を策定する方が、より効率的な防災体制が可能となるということから創設されたものである。

平成26年３月、内閣府は「地区防災計画ガイドライン」を作成した。具体的には、「地区住民の意向」、「地区の特性」、「地区環境の変化に即時対応力の強化」などが前面に打ち出された。

その副題、「～地域防災力の向上と地域コミュニティの活性化に向けて～」からうかがえるように、地域住民が日常生活を通じて顔を合わせる機会の多い範域が対象エリアである。地区の活動主体としては「居住者主体」、「事業者主体」、「居住者・事業者合同」に分類された。

「地区防災計画ガイドライン」の「計画の作成」の（7）近隣の地区居住者等、自主防災組織、消防団、地域団体等と連携の項には、次のように記述されている。

> 大規模災害の発生時には、周辺地域等広範囲で被害が発生することが想定されるため、近隣の地区居住者等、自主防災組織、消防団、地域団体等と連携することが重要です。そのため、これらの者と、平常時から情報交換、人的交流を勧めたり、防災まちづくりに関する取り組みを共同実施する等有効な関係を築き、いざというときの応援要請の在り方等について決めておくことが重要です。特に、大規模災害時には、市町村や常備消防の対応だけでは限界があるため、消防団との連携や地域の防災リーダーの活用が大変重要になります。

また日頃から、アドバイザーとして、消防団に協力を求め、連携することも重要です。

（以下　略）

平成26年度～28年度において、内閣府が「地区防災計画」のモデル事業とした44ヵ所における「キーワード・キャッチフレーズ」をとりまとめたのが（表3-2）である。
それぞれの地区の防災対策の課題が明らかに浮かび上がる。

（表 3-2）事例集

地区名	都道府県名	キーワード、キャッチフレーズ
安渡地区	岩手県大槌町	東日本大震災の被災経験を次世代へ命を守る 15 分ルール
半田地区	福島県桑折町	高齢者にもわかりやすい防災計画の策定
よこすか海辺ニュータウンソフィアステイシア自主防災会	神奈川県横須賀市	災害から命を守る～マンション住民による実践的な防災計画
笈ヶ島地区	新潟県燕市	自治会が作成した防災マップによって生まれた企業との連携
三本木地区自主防災会	石川県加賀市	県境を越えて～持続的かつ実効性のより高い防災活動へ
長沼地区	長野県長野市	水害時避難所の確保と継続的な取組みのルールづくり
下諏訪町第１区	長野県下諏訪町	地域を知り防災を考えるきっかけづくり
下諏訪町第２区	長野県下諏訪町	危険箇所の性質の違いを示した防災マップづくり
葵区上足洗三丁目	静岡県静岡市	自分達の地区は自分たちで守る～「楽縁隊」の組織化～
富士駅南地区	静岡県富士市	地域を支える活動が「防災・減災」の視点を持つだけで新たな減災運動へつながる
千種区大和学区連絡協議会	愛知県名古屋市	地域の自立的な共助活動を目指して
布土区（時志区含区布土小学校学区）	愛知県美浜町	子どもたちと大人たちの連携でつくる地区防災計画
香良洲町地区	三重県津市	みんなが安全・安心の防災まちづくり
二番町丁地区コミュニティ協議会	香川県高松市	“防災”をきっかけに地域まるごと連携した絆づくり
上大河平地区	宮崎県えびの市	自主防災組織を中心とした「たけんこ計画」
上釜地区	宮城県石巻市	海と川に囲まれた避難困難区域で総合避難訓練を実施
筑波山麓地区	茨城県つくば市	山間の避難ストーリーを考える土砂災害の危険がある他地区へ展開
六美地区	栃木県壬生町	町全体での自主防災組織の強化を考える
トキアス管理組合	東京都荒川区	避難民を受け入れる　災害にも強いマンションコミュニティ
SYM 三町会災害連合会	東京都文京区	強力なリーダーシップによる自律的な都市防災の推進
高木町自治会	東京都国分寺市	防災ファミリー～生き残りをかけたまちづくり
本多連合町会	東京都国分寺市	延焼運命共同体の挑戦！～ススメ防火対策～

（表 3-2）続き

地区名	都道府県名	キーワード、キャッチフレーズ
東神田３丁目地区	新潟県長岡市	「要支援者一人ひとりの支援方法を考える」地区独自の要支援者名簿
吉崎地区	福井県あわら市	県境を超えた地震津浪防災対策
修繕寺ニュータウン	静岡県伊豆市	「地区にいる方は１つ！」全住民を巻き込む防災を目指して
神山連区	愛知県一宮市	「自分達の町は自分たちの手で守る！」都市型防災活動
矢作北学区	愛知県岡崎市	町ごとの気付きと次年度の取組計画をまとめた地区防災計画
南区星崎学区	愛知県名古屋市	「星崎学区から１人の犠牲者も出さない！」ための協力関係づくり
美杉町丹生俣地区	三重県津市	タイムラインを考慮した早期避難で「被災者ゼロ」を目指す！
真陽小学校区	兵庫県神戸市	「トラメガサイレン！即、避難！」
中山五月台中学校区	兵庫県宝塚市	「自分たちの町は自分たちで守る！」を実現する地区防災計画作成
大塚製薬工場と 周辺自主防災会	徳島県鳴門市	企業と地域が連携した地域防災力向上の取り組み
金栄校区	愛媛県新居浜氏	３世代で見直す自分たちの「まち」。各団体の連携を図った取組み
五明地区	愛媛県松山市	早期の避難と緊急避難。災害の特性に応じた独自のルール作り
高浜地区	愛媛県松山市	小中学生とともに、地域ぐるみでささえ合う避難所運営のルール作り
下知地区	高知県高知市	必ず来る津波、必ず来る復興。幸せになるための物語「事善復興計画」
長江区	宮崎県日向市	避難タワーを中心とした、子ども・高齢者の津波避難に向けた取り組
片平地区	宮城県仙台市	まちづくりと一体となり、持続可能な活動に取り組む先進事例
小坂町落合地区	岐阜県下呂市	中山間地の孤立対策～地域力を防災に活かす取組
藤川西部地区	愛知県岡崎市	近所力を育む、絆とビジョン
芳野町地区と 大阪府立吹田支援学校	大阪府吹田市	多様な主体の連携による「グッド・コミュニティ」づくり
城西地区	岡山県津山市	防災で従来のまちづくり活動をより活性化～多機能自治×防災～
向山校区	熊本県熊本市	熊本地震を振り返ろう「偶然を必然へ」
福瀬区	宮崎県日向市 東郷町	各集落の災害リスクや特徴に応じた避難ルールづくり

出）内閣府（防災担当）「地区防災計画モデル事業報告」（平成 29 年３月）

○消防団と自主防災組織の距離感の縮小

近年、次のようなことについて、消防団と自主防災組織が協働体制をとるなど、両者の関係は急速に接近している。

（1）高齢者・一人暮らし世帯、外国人、障がい者の情報の共有化
（2）土砂災害警戒地域や地域内の地形、河川の変化の把握
（3）防災訓練の共同実施
（4）自主防災組織と消防団の活動拠点の同一化
（5）多重化、双方化による情報の共有化
（6）消防団と自主防災組織の役割分担

これまでは、消防団と自主防災組織は、それぞれが「自分たちの役割として抱え込んでいた領域」を開放することで、新たな視点からの対応が可能となった。

とりわけ、東日本大震災後、顕著な動きとして注目されるのが、「活動拠点の同一化

＝消防団詰所の機能の複合化」に対する考え方に変化が生まれている。

　消防団詰所は、長い間、団員の集まる場所、団が活動するに際して必要な資機材の収納庫など、消防団の占有物として存在していた。そのため、自主防災組織にとっては遠い存在であった。このことが、東日本大震災を経験して以降、情報の一元化を推し進めるには、ヒト、モノの動きを可能な限り正確に把握するためには、同一の建物を消防団と自主防災組織双方の活動拠点とすれば、両者の関係が透明化されることは明らかである。加えて、災害発生時には、避難所としての機能を併せ持つことになる。

岩手県洋野町八木防災センター

第4章　地震災害における連携

○宮城県沖地震の発生と仙台市の対応

　昭和40年代の我が国は、都市化が進展し、都市の過密問題がクローズアップされた。他方、早くから危惧されていた首都直下地震に対して、昭和45年３月に「東京地方（関東地方南部）における東日本大震災対策に関する答申」が出された。答申の「事前対策」の項では、「住民等の防災意識の高揚と自衛組織強化」が強調された。その

昭和53年宮城県沖地震〈仙台市緑ヶ丘〉

内容は、次のように記述されている（一部）。

> 東日本大震災対策は住民等の防災活動及び協力に依存するところが大である。しかし、郷土意識等が薄れつつある現状では、その活動、協力を十分期待することは困難である。従って、その施策として、住民等の地震災害に対する防災意識等の実態を十分把握する（以下略）

昭和45年当時、ハード面では、防災対策が進んでいた東京都においても、大規模地震の備えとして、地域住民個々の防災意識の向上は必要不可欠であると指摘された。

昭和53年6月12日㈪、マグニチュード7・4の宮城県沖地震が発生した。戦後人口50万人以上の都市で発生した初の都市型災害と言われた。落下物による被害やライフラインの復旧の遅れなどによって、都市の住民生活は大きな打撃を受けた。当時、仙台市の人口は約64万人で、昭和40年と比較して16万人もの増加であった。そのほとんどは社会的増加であった。

人口増加に対処するため、埋め立て地や丘陵地の切り崩しが広範囲にわたって行われ、団地造成が急ピッチで進められた。しかしながら、埋立地では液状化により、家屋やブロック塀の倒壊が発生した。宮城県沖地震による犠牲者28人のうち、17人はブロック倒壊による圧死であった。

「②隣近所づきあい」（『78　宮城県沖地震災害の教訓』宮城県　昭和55年）で、指摘された内容は次のようであった。

住民の地域とのかかわりあいで最も身近な近所づきあいは、地震を契機にかなり微妙な動きをみせた。地震の際、大半の住民は隣近所で入浴や炊事をはじめ、後片付けや応急対策などで助け合い、心理的な面でも近隣同士の連帯感をもった。しかし、それが隣近所づきあい関係の改善に必ずしもつながったわけではなかった。もっとも、話し合いの機会が増え、共通の問題に協力してあたるようになり、気持ちのうえでのつながりが強化された事例は少なくない。しかし、助け合いは全く一時的なものであった場合もあり、助け合わなかった者もいて、隣近所のまとまりは以前と変化していないとする住民もかなりの数にのぼり、つきあいの好転を指摘する声が強かったことと、市内中心部の住民にそうした傾向の少なかったことが注目される。このような地域住民同士の連帯意識は、以前とほとんど変わりなかった。

このような宮城県沖地震の反省から、県内40市町村では、災害対策本部の再編成、防災計画の新たな策定に加えて、日常からの隣近所づきあいのあり方について検討された。昭和44年9月に国民生活審議会調査部会コミュニティ問題小委員会が『コミュニティ―生活の場における人間性の回復―』という報告書が提示され、コミュニティ運動は広がりをみせた。しかし、その時点では、コミュニティの活性化と地域防災の有効性に対する認識にはかなりの乖離があった。

仙台市は昭和55年から、地域住民の防災活動の拠点として、平常時は自主防災組織の研修・訓練活動、非常時は初期消火や救助活動の拠点としての役割を兼ね備えた「コミュニティ防災センター」の建設に着手し、昭和55年～平成27年までにコミュニティ防災センターは、１２８ヵ所に達した（平成27年度『仙台市消防概説』）。

宮城県沖地震は、都市の利便性、快適性、安全性などは、瞬時に破壊されるという都市のもろさを浮き彫りにした。その結果、行政への過度の依存に対する反省、あるいは住民対応のあり方が問われた。宮城県沖地震における火災の発生は11件、仙台市内では大学の科学実験室や市ガス製造工場の有水式ガスホルダーが火元であり、これらの消火活動は常備消防に頼らざるを得なかった。

宮城県沖地震は仙台市民のみならず、政府にも警鐘を鳴らした。

昭和55年6月13日、消防審議会は消防庁から諮問された『地域の安全防災体制を確立するための方策』の答申が行われた。その「第4　自主防災体制のありかた」の「自主防災組織の役割」と「自主防災組織の育成」の項においては、次のように記述されている。

「自主防災組織の役割」

地域社会における安全性の確保は、単に市町村、消防機関等の公共機関の活動のみならず、地域ぐるみ、住民ぐるみの防災体制への積極的な取り組みを通じ、はじめて所期の目的を達成することができる。特に震災その他大規模災害においては、その被害の軽減を図るために、消防機関等による防災活動と相まって、住民の自主的な防災活動に期待するところがきわめて大きい（以下、略）。

「自主防災組織の育成」

「住民の自主防災組織に対する関心をかん養すべきであり、国、都道府県、市町村、関係団体は一体となって各種の広報媒体を活用した啓発活動を展開しなければならない」と明記された。

しかしながら、自主防災組織の組織率は、一部の自治体では進展したとはいえ、全国的には大きな潮流には至らなかった。

○阪神・淡路大震災の発生と防災機関の連携

平成７年１月17日(月)、マグニチュード７・３の阪神・淡路大震災が発生した。家屋の倒壊や同時多発火災の発生により、６、４３４人（行方不明者３人）が犠牲となった。

「地震発生とほぼ同時に、１１８回線ある１１９受信専用回線がすべて受信状態となった。それ以降も、１１９番通報は止むことなく鳴り続いた。受信件数は７時までに

４４１件、17日だけで６、０００件を超えた。――消防力をはるかに超える災害件数に対して、現状の施設及び人員を活用し、対応するしかなす術はなかった」。

（『阪神・淡路大震災における消防活動の記録――神戸市域』第３章　消防機関の対応）

被災地には常備消防をはじめ可能な限りの消防機関が投入されたが、災害規模は消防力をはるかに超えるものであった。犠牲者の死因の主なものは、「窒息・圧死」、「外傷性ショック」、「焼死」等であった。

発災直後、生き埋め状態になった住民を助け出した消防団員は、次のように証言している。

横倒しの阪神高速道路〈神戸市灘区〉
（防災未来センター提供）

「50メートル先の家が全壊。奥さんが下敷きになっているようだ。行ってみると中から小さな声が聞こえている。足を柱に挟まれている様子。車のジャッキを二つ持ってきてもらい、時間をかけ少しずつ上げて、無事救出。足を骨折しているようだ。病院まで運ぶ。その頃、菅原通りと御蔵通りは燃えていた。私たちもすぐに現場に駆け付けたが、どうしようもないほどの炎に包まれていた。」（『長田消防団　祈りの足跡』／副団長談）

かなりの住民が家屋の下敷きとなり、あちらこちらから救助を求める声が聞こえてきたが、倒壊箇所があまりにも多く、常備消防だけで対応することは不可能であった。そのため、隣近所の住民が互いに協力し合い、通りすがりの人に声掛けし、救出のための手助けを依頼せざるを得なかった。

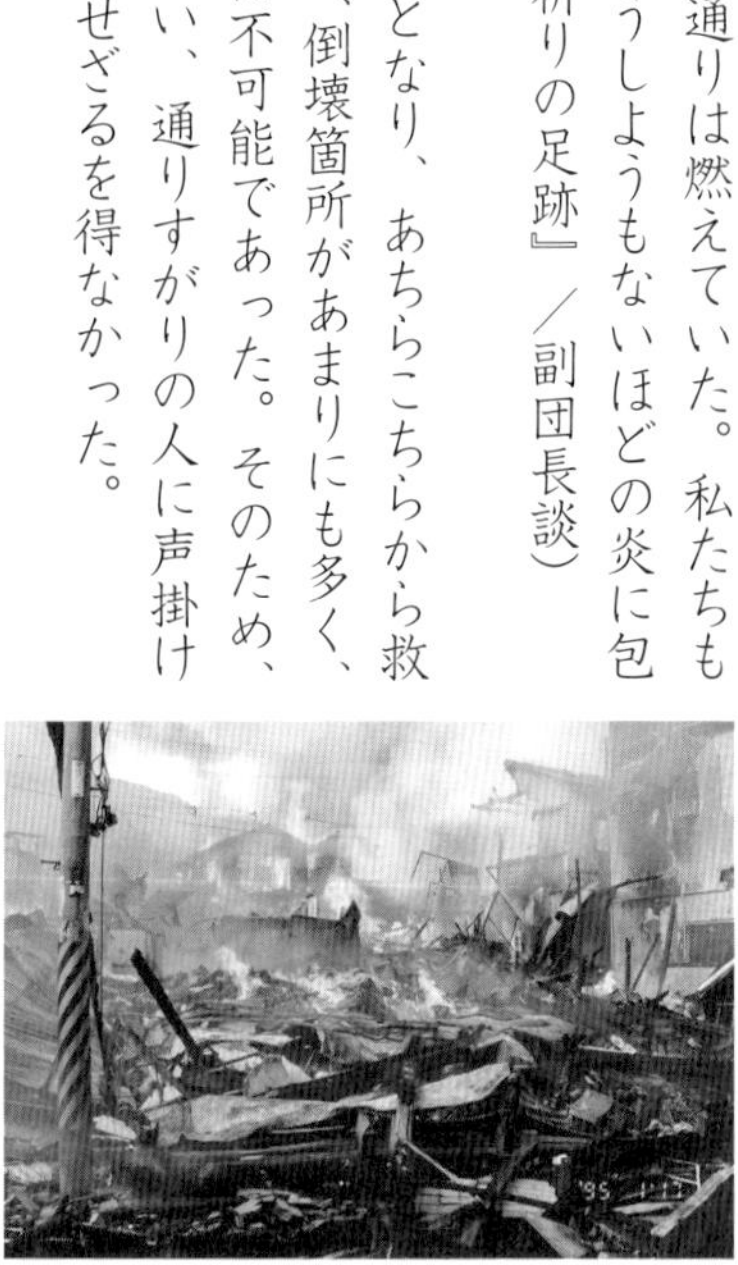

火災現場〈神戸市灘区〉（防災未来センター提供）

震源地に近い旧北淡町（現淡路市）の状況は次のようであった。

午前6時30分には役場庁舎内に対策本部が設置された。発災後まもなく、役場に駆けつけた職員は直ちに倒壊した家屋の確認、住民の救出にあたった。午前6時（その日の、日の出時刻は午前7時06分）には、災害対策本部の指示を待つことなく、各分団は救助活動を開始し、住民の救出にあたった。午前９時、救助体制も徐々に整い始め、警察官、役場職員、隣近所の住民、消防団員の協力により51人が救助され、島内の病院に搬送された。県外の応援部隊として最も早く現地に到着した徳島県警機動隊等応援部隊40名は、発災後５時間ほど経過した午前11時前には救助・救援活動にあたった。

午後４時52分には、町内全域の救出作業が終了し、「行方不明者ゼロ」が災害対策本部に報告された。それと同時に、全壊家屋７３４戸、半壊家屋７１１戸、犠牲者37人と、旧北淡町の被災の全容が明らかとなった。

このようなスピーディな対応が可能であった理由としては、第一に、旧北淡町では長年にわたって、地域住民間の様々な互助機構が網の目のように張り巡らされ、地震発生とともに即時対応ができたこと、第二に、震災時の団員数は６分団、33部、５６５名で構成されており、人口の割に団員数が多かったこと、しかも退団後、団員ＯＢの多くは町内会の役員に就任しており、団員ＯＢと現役団員の意思疎通が良好であったこと、さらに、指示系統において、「現役団員の指示に従う」ことが暗黙の了解であり、混乱した状況下においても遵守されたこと、第三は公的機関が少ないために、台風や高潮などの自然災害に対しては、消防団や自主防災組織、隣組などの協力体制が恒常的にできあがっていたこと、などがあげられる（「旧北淡町資料」）。

時代の経過とともに、地縁的な人間関係が希薄化しており、災害発生時、ほとんど機能しないのではないかという思いを抱いた地域住民も多かったが、日常生活で育まれてきたコミュニティが、非常時において有効に機能した。

平成15年４月１日に作成された『阪神・淡路大震災の記録―兵庫県津名郡北淡町』（平成15年４月１日調整）において、「自治消防団の今後の課題」の項では次のように指摘された。

> 生き埋めになった被災者３００人を救済できたのは、消防団と住民が常に一体となっていた証しである。町内会単位で部の編成を行い、個々の生活を熟知していたことから、倒壊家屋のどの場所で生き埋めになっているかを察知できたことが被害を最小限に食い止める要因となった。一人暮らし世帯のリストも消防団に手渡しており、一軒一軒ずつ確認して回ったことにより、行方不明者ゼ

口も当日中に確定することができた。

平成17年3月に刊行された『新時代の神戸市消防団検討委員会報告書』(同委員会作成)において、新時代の神戸市消防団のあり方として提言されたのが、「防災福祉コミュニティ事業構想」であった。それを要約すると次のようになる。

平成7年6月から、神戸市復興計画の作成にとりかかった。そのなかで、阪神・淡路大震災の反省のひとつとして、一部地域を除いては、自主防災組織が十分に機能しなかったことがあげられた。地域の自主防災力を高めるための手段として、防災福祉コミュニティ事業構想が打ち出された。この構想は「市民、事業者及び市の協働により地域福祉活動と地域防災活動の緊密な連携を図りつつ、これらの活動に積極的に取り組むコミュニティ」(倉田和四生『福祉コミュニティ』)である。旧北淡町の事例をはじめとして、各地で展開された消防団、常備消防、自主防災組織、隣組などの連携により、多くの人命が救助されたことを教訓とした構想である。

消防団員も地域住民の一員であり、また、地域の防災リーダーとして積極的に防災福祉コミュニティの結成に参画するとともに、結成後は防災福祉コミュニティの訓練指導にも当たった。また、独居老人や身体障がい者等災害弱者宅への防火訪問などの福祉活動を通じて得た情報や防災福祉コミュニティの民生委員等が所有している福祉情報を共有し、災害時に活かすような工夫がはかられている。

阪神・淡路大震災においては、「連携」の重要性が様々な場面で人命救助に役立つことが実証された。

○新潟県中越地震と全村避難

平成16年10月23日㈯、マグニチュード6・8、震度6強（川口町は震度7を記録）の新潟県中越地震が発生し、犠牲者は63人にも達した。地震発生直後から、多くの地すべり地帯が発生し、道路の亀裂、土砂ダムがいたるところでみられ、多くの集落は孤立状況におかれた。

全村移転を余儀なくされた旧山古志村は、村のほぼ全域が丘陵地帯である。人口は2、019人（地震発生時）、65歳以上は34・6％で、県平均より10％以上も高かった。家屋の被害状況は、全壊２８５棟、半壊２９０棟、一部損壊１０６棟であった（『新潟県中越地震における消防活動資料　平成17年7月13日、長岡市消防本部』）。

　地震発生と同時に、各集落の全世帯を消防団員と青年層を中心に安否確認をしながら、火の始末を呼びかけた。長岡消防署山古志出張所は、配備人員20名（当日の勤務者３名）、ポンプ車１台、救急車１台が配備されていたが、道路が寸断された状況では消防団が中心となり、倒壊家屋からの救出や高齢者の避難誘導が行われた。翌24日には全村避難勧告が発令された。25日には避難指示に切り替えられ、全村民が長岡市内の６か所に分散避難した。翌17年7月22日に、５２８世帯、１、６８２人の避難指示が解除されたが、古志竹沢地区、古志南平地区の１６２世帯４８５人に対しては、引き続き避難指示が継続された（『新潟県中越地震の被害及び復旧対策の概要」平成17年9月1日　長岡市災害対策本部』）。

　地震発生時、隣組を中心として互いに声を掛け合っての

新潟県中越地震の旧山古志村全景

安否確認、そして余震の続くなか、集落ごと各集会所に集まり、不安な時間を過ごした。食料や水といった最低限の生活物資は各自が自宅から持ち寄った。また、旧山古志村役場との通信網が完全に遮断されたため、村役場に設置された災害対策本部にできるだけ早く知らせる必要から、消防団員2名が、普段は利用しない山道を通り、災害対策本部に状況を報告した。

火災の発生は18時31分に覚知された1件のみであった。道路事情が悪いため、消火活動は消防署員と消防団員が協力し、小型ポンプを使用して行われた。消火後、消防団は長岡市の東山沿い地域で発生した多数の地割れや亀裂の修復を行った。

消防団員は、避難所生活が始まると、家屋が近接しているため、油の流出、ガス漏れによる火災の発生で、大規模火災の危険も考えられたので、毎日のように管内巡視、朝夕の交通整理、食料運搬、警備活動を行った。

旧山古志村役場内の地震直後の状況

○岩手・宮城内陸地震と住民対応

平成20年6月14日㈯午前8時43分頃、岩手県南部を震源とするマグニチュード7・2の岩手・宮城内陸地震が発生し、犠牲者17人、行方不明者6人を数えた。平成17年4月1日、栗原市は旧栗原郡内9町1村が合併してできた宮城県内では最大の面積をもつ自治体である。岩手、秋田両県と県境と接し、東西に細長い地形である。市の西部から北部にかけて栗駒山がそびえる。

合併の翌年、行政区をベースとして、栗原市自主防災組織推進要綱ができた。栗原市の自主防災組織は、市行政、栗原市消防本部、消防団、婦人防火クラブとの協力関係が重視された（要綱第3条、同2項）。とはいえ、栗原市が発足してまだ日が浅く、市全域には、自主防災組織は組織されていなかった。

栗原郡の旧一迫町の中心部に位置する荒町行政区では、平

岩手・宮城内陸地震における団員による捜索

成18年に荒町防災会が組織された。地震発生から30分以内には、荒町防災会の役員の集合場所として事前に取り決められていた荒町会館に、行政区長、防災会会長、分団長を含めて10名（団員３名）が集合した。

直ちに二名一組となり、一時間程度をかけ、高齢者世帯や一人暮らし世帯を重点に地域内約１３０世帯全戸に声掛けをしながら安否確認をした。その際、ブロック塀や家具、石油タンクの転倒などについては、短時間で修復可能な場合には巡回しながら対応した。その後、集合した役員や消防団員は互いに手分けして、巡回した。

携帯電話はほとんどつながらない状態であり、自主防災組織の役員に連絡するのにはかなりの時間を要した。

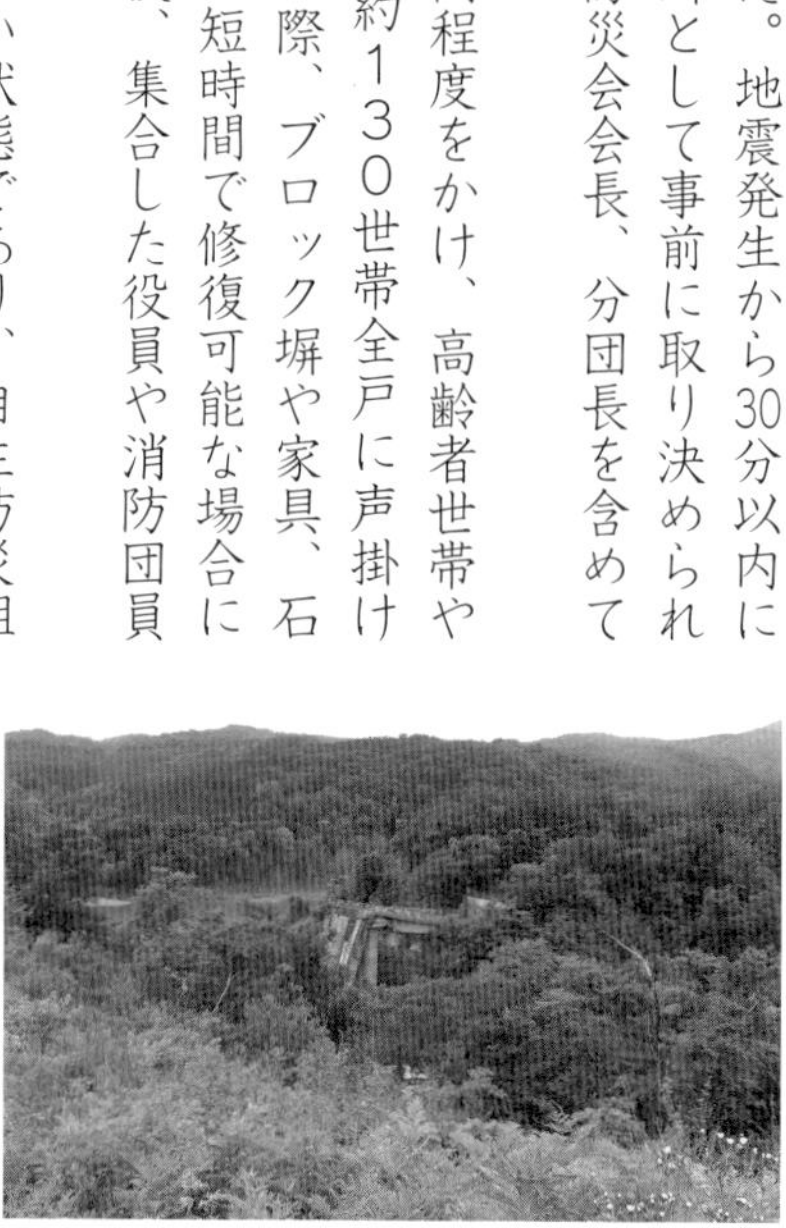
岩手・宮城内陸地震（岩手県側の現状）

発災当初、消防団員は自主防災組織の役員と連携して、地区内住民の安否確認を実施したが、時間の経過とともに、内陸地域に大規模な土砂崩れの災害現場があることが判明したため、消防団は本部の指示にもとづいて、現場に向かった。

行方不明者が、どの付近で作業をしていたのか、あるいは当地を訪れていた観光客やイワナ釣り客の宿泊状況に関する情報の収集には時間を要した。山林の伐採作業やキノコ採りを趣味とし山に入る機会の多い一部の団員は、地図ではなかなか把握できないルートに精通していたこともあり、有効な情報として活用された。

合併してから間もないことでもあり、地区によっては「市役所に自主防災組織について届け出はしたものの、防災訓練の経験はなかった」という所も少なくなかった。しかも、消防団、民生委員、コミュニティ協議会の横の連携の不十分さも否めなかった。このような行政区では、普段から付き合いのある隣近所同士がお互いに声掛けをし、安否確認を行った。

旧花山村本沢地区は山崩れにより、道路が寸断されたため、水道、電気、携帯電話などのライフラインが使用不可能となった。外部との連絡手段としてはトランシーバー（個人所有）１台はあったが、５分間程度で、通話は不可能となった。

地震発生直前に自主防災組織（32戸）は組織されたものの、これまで会合は開かれていなかった。そのため、隣組同士で安否確認を行った。地震発生直後から、ほとんどの人は不安から外に出ていた。住民名簿はなかったとはいえ、日常的に顔を合わせていたので、さほどの時間を要しないで、全員の安否確認をすることができた。近くの温湯山荘まで歩いたり、歩行困難な人は軽トラックで搬送された。

○宮城県北部連続地震と防災訓練の実施

平成15年9月26日㈮、宮城県北部に位置する旧矢本町（現東松島市）から河南町（現石巻市）にかけた、いわゆる旭山撓曲《とうきょく》付近を震源とする宮城県北部連続地震が発生した。午前0時13分に前震（マグニチュード5・6）、午前7時13分に本震（マグニチュード6・4）、午後4時12分に余震（マグニチュード5・5）と、連続して地震が発生した。

旭山からほど近い河南町広渕地区内に

宮城県北部連続地震〈旧南郷町〉

位置する「町下行政区」では、激しい揺れに襲われ、家具の転倒や倒壊家屋がいたるところでみられた。平成15年当時、まだ自主防災組織は組織されていなかったため、安否確認は民生委員、連絡は各班単位、消火活動は消防団、がそれぞれ対応した。本震直後、民生委員（1名）は高齢者世帯を中心として、安否確認を行った。とはいえ、行政区内の戸数は270戸もあり、一人ではかなりの時間を要することは明らかだった。その話を聞いた自称「お多須快人」（以下、「お助けマン」／多くのことをすべからく、快く対応してくれるという意味）の方々が、民生委員に協力を申し出て、対応にあたった。

「お助けマン」の立ち上げは、平成3年に遡る。

その頃、行政区内では一人暮らしの高齢者が増える傾向がみられ、家屋の補修や電気器具類の配線もままならず、困っている人も少なくなかった。当時、分館長であった○さんの声掛けに賛同した、大工、建具、家電、基礎工事、トタン屋根の補修などの工事に従事している6人が集まり結成された。

宮城県北部連続地震で、ドアや雨戸の建てつけ、雨漏り修理の依頼がお助けマンに殺到した。お助けマンを中心に、「町下行政区」では、『近い将来、宮城県沖地震がやって来るかもしれない。被害を最小限に食い止めるためには、行政区全体で防災訓練を実施しなければならない』という思いから、平成16年5月19日に自主防災組織が結成され、その年の7月26日に第1回防災訓練が開催された。「宮城県北部連続地震を忘れないように」ということから、曜日に関係なく、防災訓練は7月26日に実施されることになった。
また、宮城県北部連続地震の反省から、民生委員一名で安否確認することには限界があるため、班（33班編成）の連絡網の整備を行い、30分以内で終了することを目標に掲げた。さらに次の世代の地域の担い手である中学生に対して、積極的な参加を促した。中学校では授業の一環として、救出訓練、救護措置訓練、消火訓練を取り入れた。しかも、地域防災訓練においては、中学生自らが建物の耐震診断を行い、その結果を地区住民の前で発表した。また、三角巾や包帯の使用方法を紹介する場も設けた。将来を見据え、「自主防災組織と中学校との連携の強化」に力を入れた。中学生からは、「地域の人と触れ合う機会を得ることができた」、「自分が頼りにされていることを実感できた」という声が寄せられた。

第一回防災訓練には２１０人の参加があった。しかも、町下行政区の事例は、旧河南町全体に広がりをみせ、防災訓練には町の担当者や、他行政地区からも見学に訪れた。とはいえ、その後は１５０人、１００人と、参加者は目に見えて減少した。役員会では、参加者の減少についての議論は行われたものの、具体的な解決策を講ずることはできなかった。

地震発生時、消防団は地区巡回後、土砂災害に襲われた矢本地域や旭山周辺の復旧活動にあたった。

宮城県北部連続地震発生から数年も経過すると、危機意識は明らかに低下した。当時の防災会の庶務係を務めていたAさんは、「消防署や病院、さらには学校と連携することにより、地域全体で防災に取り組む姿勢を保ち続けることが大切であることはわかってはいるとはいえ、問題解決には至らなかった」と、当時を振り返り話された。

第5章 東日本大震災直後の消防団と自主防災組織の動向

○東日本大震災の発生

平成21年1月1日、政府の地震調査委員会は、「今後30年以内の宮城県沖地震の発生確率は99%」と発表した。この発表に対して、地域住民の反応は、「まだまだ先の話」、「その時になれば、何とかなるだろう」と、その受け止め方はかなり楽観的であったように思う。宮城県内の多くの住民は、昭和53年6月12日(月)の宮城県沖地震を思い浮かべ、「あの程度だろう」と決めつける人も多かった。

平成23年3月11日(金)、14時46分、マグニチュード9・0の巨大地震が発生した。「とにかく、早く収まってほしい」という気持ちと、「このまま続けば、地球が壊れてしまうのではなかろうか」と考えた人は少なくなかったのではないか。

　JR仙台駅では、地震発生とほぼ同時に駅構内の明かりは消え、多くの人は外に飛び出し、ペディストリアンデッキにつかまったり、あるいは駅前のロータリー付近に腰を下ろしたり、駅をとり囲むようにして地震の収まることを祈っている人でごった返していた。「これまで経験したことのない、ものすごい地震」ということはわかったものの、地震に関する情報は全く入ってこなかった。

　地震が収まりかけ、周りを見渡せる心理状態になりかけていたころ、学生風の男性が、近くの友人に対して、スマートフォンから得た情報として、「今回の地震のマグニチュードは8・8」と言っている、ということを耳にした。地震の発生から既に一時間近くは経過していたように思う。さらに二人の会話から「津波が仙台空港にまで達している」ということもわかった。間断なく余震が襲って来るたびに、互いに身を寄せ合い、「きゃあー」、「また来たか」という声があちらこちらから聞こえてきた。

　道路に目を転ずると、歩くことができないため、地面に

十府ヶ浦湾〈野田村付近〉に迫る津波
（藤森俊勝さん提供）

這いつくばっている人もいた。

（筆者「その時、私は」より引用）

大地震により引き起こされた津波は、東北地方沿岸地域に到達するまでの時間はおよそ30～40分前後であった。地震発生から3分後、三陸沿岸地方を中心として、太平洋岸の広範囲にわたって大津波警報・津波警報が発令された。リアス式海岸の多い三陸沿岸では、津波が陸地に近づくにつれて、いっそう高さを増していった。

津波に襲われた地域では、翌朝の光景は、以前とは全く異なるものであった。避難所で一夜を過ごした住民からは、「これまで自分達が見ていた景色はどこにいったのか」、「今、なぜこの場所に居るのが不思議だ」という言葉が、あちらこちらで聞かれた。

明治以降、三陸沿岸を襲った大きな地震は、明治29年、昭和8年、そして今回の東日本大震災と三度を数える。地震に

大震災直後、仙石線野蒜駅発の列車が脱線

よってもたらされた津波により、多くの地域住民の命が奪われ、無数の家屋が破壊された。三陸沿岸一帯では、これまで発生した地震の間隔は約37・1年という。「天災は忘れたころにやって来る」と言われるが、37・1年という間隔は、人生一生に二度は大きな地震に遭遇する計算になる。

岩手日報の昭和8年3月24日付の「大海嘯見聞記」には次のように記述されている。

> 八木地域（現洋野町）の人々の話では三十年に一回は津波があるものと昔から決まっているようなものであるから、今の場所など永住の場所では無いが、誰か道ばたに屋台見世でも繁盛すれば、何時の間にか隣へも隣へもと家が建って行っては津波にやられて了うのである。
>
> （『津波—語りつぐツナミ—』）

大震災翌日の救助活動（宮古市旧28分団）

かつて八木港はたら・いか漁がさかんであり、その周りには貸金業やキャバレーが立ち並ぶ盛況ぶりであった。時代の経過とともに、漁師は、競い合ってできるだけ沿岸近くに納屋や居宅を建てるようになった。それは、津波の襲来が記憶から次第に遠ざかっていったことを意味する。明治29年と、その38年後の昭和8年に再び津波に襲われ、多くの犠牲者が生まれた。三十数年という歳月は長年住んでいる人にとってさえ、過去の大津波を忘れさせてしまう時間であった。

三陸沿岸にはいたるところに津波の慰霊碑が建っている。慰霊碑には「地震があったら津浪の用心」、「これより下には家を建てるな」といった津波に対するさまざまな教訓、戒めの文字が刻まれている。しかし、時の経過とともに、記憶も薄れてしまう。とはいえ、その慰霊碑は、地域住民に過去を思い起こさせるきっかけにはなるが、経済的貧困さがそれを彼方に追いやってしまった。

昭和８年３月３日大海嘯記念碑
〈宮城県石巻市（月浦地区内）〉

○消防団対応に対する新たな動き―岩手県宮古市第28分団

15時30分過ぎから次々と三陸沿岸を襲った津波の状況について、当時の宮古市第28分団のT分団長が東日本大震災当時に書いたメモには次のように記述されている。

14時46分、これまで経験したことなかった大きな揺れに襲われる。ラジオから流れる情報によれば、津浪の高さは最初60センチ、その後３メートル、６メートル、10メートルと時間の経過とともに高くなる。間もなく水門・樋門閉鎖。この時、港の遠くまで海水の引くのを見て驚いた。地震発生から35分経過後、最初の津浪が到達。瞬く間に駐車場の上まで海水が洗うように流れてきて、団員数名が危機一髪で難を逃れる。

最初の津浪（第一波）で外側防浪堤にある鮭の番屋が流されるのを確認。その後から次から次へと津浪（第二波か疑問）が一層高く、沖の島が見えなくなる程の高さで襲来するのを見て、「上に逃げろ」と大声で、下にいる団員や住民に声をかける。間もなく、防浪堤を超えた津波が防浪堤の中の家々を壊しながら、次から次へと流れ込んで来る。国道付近では渋滞で動けない車や逃げ遅れた人達が飲み込まれていった。

たちまち防浪堤の中に海水があふれる。時間にして3分もあったろうか。満水になり、浮き上がった家々が、海水の引く流れにより、元あった場所から動き始める（家々を押し流す）。又潮の引くのに合わせて家々が動き始めると、「父さん助けてー」の声を確認するも、どこの誰の家かも分からず、ただ呆然と、何もできずに見ているだけ。中には、その時に助けられた人、助けた人、海水の中から、海面に浮き上がってきた者もいた。その間、幾層ものガレキの中をようやく泳いで上がって来た者、浮いている二階の部屋から、屋根や板をイカダにして助かった者もいた。

第28分団では、東日本大震災前、消防団活動のあり方（すなわち「15分退避ルール」）について、管轄範囲で組織されている自主防災組織と何度も検討を重ね、「消防団活動は団員の安全確保を図りながら遂行する」という申し合わせにこぎつけることができた。

自主防災組織との話し合いについて、当時の第28分団のT分団長は次のように振り返る。

津波避難に関する説明会を開催した時の資料はすべて流失してしまい、記憶に残っているのは、津波避難訓練と同じ活動をしてくれるものと信じきっている住民が多くいた事に危機感を持った事です。

訓練は決められた活動を時間内にこなすため、団員の仲間に役割分担を指示します。それは仲間の人数がそろっているからできることなのです。

サラリーマン化の進んだ消防団員は緊急時に訓練通りの対応はできないのです。

限られた人数の仲間には防浪堤にある陸閘門・水門閉鎖活動が優先されます。住民の期待に背くことが懸念されたので、自助努力をお願いするために管轄4地区の自治会長さん達に説明をしました。

その後、各自治会で説明会を開催しました。こちらの意図を理解してくれた自治会もありましたが、理解できない自治会住民の方々も多くいました。「何のための訓練だ」、「住民をおいて逃げるのか」、「この腰抜け」「消防団はいつからこんな風に弱くなった」などと言われましたが、粘り強く説明会を開いた記憶があります（「小生宛の私信」）。

消防団の「15分退避ルール」の提案について、消防団が長年にわたって保持してきた地域住民とのかかわり方の変化と考えた地域住民は少なくなかった。この提案をした分団長の考え方には、自主防災組織との協働に新たな消防団活動のあり方を見出そうとしていたことは明らかであった。

○受け継がれる消防団活動と自主防災組織の連携―宮城県石巻市荻浜地区

宮城県石巻市荻浜地区は、市の南東に細長く延びた半島部を形成する。石巻消防署渡波出張所にあるポンプ車が到着するまでには、30分は要する。そのため、火災の発生や台風による土砂崩れによる道路の復旧においては、消防団に対する依存は高い。

平成23年3月11日はヒジキの開口日だった。当時分団長は、仲買人にヒジキを売り渡し、軽トラックで自宅に戻ろうとしたとき、大地震に遭遇した。

立っていられる状況ではなかったので、これまでの経験から、「間違いなく相当な津波が来る」と思い、「沖出し」の準備のため浜に戻った。牡鹿半島一帯では、津波が発生したとき船を守る手法として、はやくから沖出しが行われてきた。

浜に戻ってみると、引き潮がかつてないほど強く、みるみる海が後退していった。分団長は沖出しを行うため、いつもの海岸線より８００メートルも沖合に仲間の船を集結させた。沖出しの地点は、潮流の方向や強さなどから、仲間の船と無線で情報交換しながら決定されるのを常とした。

沖出しに要する時間は10分から30分程度。沖出しの作業中、ロープがスクリューに絡むなどのトラブルがあると動けなくなり命を落としかねない危険性があり、かなりの熟練した技術が要求される。何より、仲間と心を一つにして協力し合わなければ成功しない。

荻浜地区一帯では、沖出しを行うのは主に各家の世帯主で、40～50代が多く、大半は現役の消防団員である。

分団長が、自宅に戻ったのは翌日の午後３時ころであった。

地震が発生し津波が予想されるときは、隣近所が互いに声を掛け合うことが慣例となっている。東日本大震災では、高齢者は軽トラックで２５０メートルほど離れた一時避難所となっていた地区センター（海抜50メートルほどの高さ）に避難した。沖出しに出た人を除いて、地区センターにはほとんどの住民が集まった。

指定避難所となっている東浜小学校には、竹ノ花、牧ノ浜の住民が避難した。鹿立、福貴浦で高台に住んでいる親戚宅に避難した住民が多かった。

東浜小学校には、地区内の区長5人と、漁業関係の世話人である「支部長」が集まり、住民の安否確認をはじめ、避難所生活における課題、たとえば汲み取りや消毒、さらには物資の配給、様々なボランティア活動（理髪、炊き出し）についての日時や場所について、地域住民に周知徹底をはかった。避難所生活の期間中、東浜小学校に設置された地区災害対策本部では、午前8時と午後3時の2回、連絡会がもたれ、市の災害対策本部への要求事項をとりまとめて定期的に連絡を行った。

5人の行政区長は、いずれも元消防団員であり、当面の活動について、現分団長と話し合い、地域をあげて対処した。

その際に取り決められた主なことは、次のようなことであった。

①団員は毎日、災害対策本部に集まり、その日の支援物資の仕分けと配給を行うこと。

②行方不明者の捜索活動を継続すること。なお行方不明者は5月初めにご遺体（3人）を発見。

③不審者の地区内への侵入という情報もあり、震災後1ヵ月間ぐらいにわたって、積載車4台を使用して交代で地区内の夜回りを実施すること。道路状況が極端に悪く、暗闇での巡回活動は危険であることから、足元が見える時間帯に限って実施すること。

④海岸線に近いところを走る市道はがれきが散乱、また、それよりもやや高いところを走る県道2号は地震のため深い亀裂や、背後の丘陵地の土砂崩れにより通行ができなかった。市道や県道が復旧しないと、地域の孤立的状況は解消されないため、消防団員以外の若い男性には出来るだけ協力してもらうような体制がとられた。各家で所有しているチェンソーやフォークリフトを持ち寄って作業が行われた。ただ、1メートル前進するにも、かなりの時間を要した。

荻浜地区のように市の中心部から離れているところでは、住民自らが対応しなければ地域の孤立状態を解消することはできない。消防団や地域住民が中心となり対応した。

【仮設住宅の防火設備と防火訓練】

仮設住宅の建設は建設用地との関係から石巻市内でもかなり遅く、9月下旬に牧ノ浜集落と鹿立集落の2ヵ所に建設された。仮設住宅ができて半月後に、火災訓練が実施された。火災訓練の実施を通して、消火栓のある場所から仮設住宅まで上り斜面になっており、ホースをつなぐと、水圧が極端に低下してしまうことがわかった。そのため、団員が話し合い、仮設住宅の脇に、10トン程度の水を貯めることができる牡蠣の洗浄用に利用していたステンレス製の水槽2個を設置した。水槽には近くの沢水を引きこんで、常時満タンの状態とし、緊急時に備えた。またポンプ車も近くに常駐させた。

○火災の発生と住民避難―宮城県気仙沼市鹿折地区

気仙沼市は、3月11日14時49分、気象庁が大津波警報を発令したのにともない、住民に対して、防災行政無線で「避難指示」を呼びかけた。

気仙沼市の北東部に位置する鹿折地区は、地区の西部を大船渡線が走り、一帯には水産加工場や住宅地が立ち並んでいた。海岸線が複雑で、陸地に近づくにつれ、津波の高さは10メートルほどに達することが予想された。

15時11分、気仙沼市域で津波の第1波が確認された。大津波警報が発令されてから30分後のことであった。避難指示の発令とともに、住民はあらかじめ決められていた

気仙沼市鹿折地区の消火活動
（気仙沼・本吉地域広域行政事務組合消防本部提供）

避難所に向かったが、住民の一部はがれきや家屋の倒壊などにより、通常のコースを通ることが難しく、普段はほとんど利用しない山道を通り避難した。しかも、その日は小雪交じりの天候であり、野営で一夜を過ごさなければならなかった。

　鹿折地区一帯を管轄する気仙沼市消防団第３分団（4部11班）では、ただちに陸閘門・水門閉鎖に着手したが、津波が近づいてきたこともあり、退避せざるを得なかった。当日、所定の詰所に集合できた分団員は、被災した分団員が多かったため、全メンバーの半数の40名程度であった。

　15時58分、鹿折市街地で火災が発生した（『東日本大震災　消防活動の記録』）。火災は発生から１時間も経過しないうちに、湾奥に広がる市街地付近まで拡大した。時間とともに、火の勢いは増した。第３分団では、ポンプ車で、約３００メートルまでホースを延長して消火に当たった。また、緊急の知らせを受けた他の分団員や消防署員と連携しながら対応したが、水利条件がきわめて悪く、団員は自然水（安波山の湧水）を利用し、ポンプ車２台、小型ポンプ車４台を繋ぎ合わせ、１キロメートルほどの長さにホースを延長し、消火活動を続けた。とはいえ、火の勢いは強く、しかも繰り返し押し寄せる津波のため、消火活動は退避行動を繰り返しながら行わなければならず、困難をきわめた。数時間も経過すると、海上ではＬＰガスボンベが大きな音を立て爆発し、津波火災がいたるところで発生した。まさに、「鹿折地区全体が炎に包まれた状態であった」（分団長談）。翌日になると、東京消防庁と新潟県の緊急消防援助隊が加わり、12日の昼過ぎまでにはかなり鎮火することができた（鹿折地区約12ヘクタール消失）（『消防科学と情報　ＮＯ１０８』）。くすぶり続ける残火を完全に消火できたのは３月23日、午前７時48分であり、２週間を要した。火災は湾奥から１・３キロメートルほど離れた国道45号まで達した。

○内陸地域の避難対応―宮城県大崎市松山地区

東日本大震災は津波被害が際立っていたが、内陸部でも震度５強以上の地域は数多く、大きな被害を受けた市町村も少なからずあった。宮城県大崎市は震度６強を記録した。大崎市の東部に位置する松山地区は、人口が約７、０００人（当時）。全ての行政区（29）単位に自主防災組織が既に組織されており、避難所（災害対策本部兼用）は各集会所やコミュニティセンターであった。

地震発生直後、各自主防災組織は地区災害対策本部の設置、そして声掛け、安否確認、を行った。声掛けと安否確認に要した時間は戸数の多さと比例しており、「50戸未満」は、１時間以内で終了したが、「１００戸以上」では、「１時間～２時間未満」が多かった。また、１００戸以上では、区長、民生委員、消防団員、その場に居合わせた住民、といった複数による対応が行われた。

ＪＲ松山駅周辺に位置する「駅前中区」（１４９戸）における自主防災組織を中心として、３月11～13日の対応は次のようであった。

３月11日

中区集会所に災害地区対策本部が設置されたのは、午後３時５分。地震発生から20分後であった。直ちに区長と区役員が手分けして区内の被害状況をまとめた。それに要した時間は「１時間～２時間」であった。けが人はいなかったが、灯油タンクと給湯器の転倒６ヵ所、フェンスの倒壊１ヵ所であった。その夜は、間断なく余震が続いたことから、50人近くが集会所で一夜を明かした。停電のため、発電機２基を稼働させた。

３月12日

東日本大震災翌日、大崎市役所松山総合支所から、水31袋（10リットル入り）、ガソリン10リットル（発電用）が支給された。また、メンバーによる炊き出しが始まった（１日３回）。

給水および炊き出しは、自主防災組織が非常災害用として保管していたプロパンガス・木炭・飲料水を活用した。米・野菜などの当面の食材は、それぞれの家で保有していたものを持ち寄った。

３月13日

不審者の出没の情報が寄せられ、夜間、防犯パトロールが行われた。

集会所前にテント２張りを設置し、住民の休憩所や物置場として活用した。松山総合支所からは水とガソリンが支給された。

【松山地区全体の動向】

【ライフラインの復旧状況】

ガス／３月12日　電気／３月18日　水道／３月26日

【集会所の宿泊利用状況】

3月11日／約40～50人	3月14日／約30人
3月12日／約40～50人	3月15日／約30人
3月13日／約30～40人	3月16日／約25人

（旧松山町中区区長　中川二郎氏メモ）

【自主防災組織の対応経緯】

自主防災組織が主に行ったものは次のようなものであった。

①避難所対応

発電機を利用した照明・燃料確保、集会所の掲示板を活用した情報の周知徹底、携帯電話の充電対応、定期的な役員会の開催

②生活環境の整備

がれきの撤去、土砂災害の恐れのある箇所に対するポールの設置、上下水道の漏水の確認

不審者やガソリンの抜き取りや、灯油の盗難対策のための夜間パトロールの実施

地域住民の健康状態についての聞き取り、汚水の汲み取り

③その他

透析患者の通院における交通手段の確保

東日本大震災発生から３日間は、飲料水を確保するため、責任者を決めて沢水の確保

石油ストーブの貸し出し

プロパンガスや電気を使用しない調理方法の伝授

支給された救援物資の乳幼児宅及び高齢者宅への配布

内陸地域は沿岸地域と比較して被害は少なく、地震発生から３日後には、ほぼ通常の生活に戻ることができた。しかしながら、松山地区では、水道水の復旧は３月26日であり、東日本大震災発生から20日ほどもかかった。その際、活用されたのが井戸水であった。平成22年松山まちづくり協議会生活環境部会の事業目標として、地震の切迫性が報道されており、「大規模地震発生時における地域住民の飲み水以外の生活用雑水の確保を目的」とした井戸水に関する調査が行われた。この呼びかけに応じた１８０戸に対して、「災

害時井戸水協力の家」と書かれたステッカー、つるべ用のロープ、金バケツが配布された。「災害が発生した時、行政支援はあまり期待することができないのではないか」という発想から生まれた事業であった。そして、約半年後に発生した東日本大震災では、井戸水は様々なものに活用された。

「災害時井戸水協力の家」のステッカー
（松山まちづくり協議会提供）

第6章

東日本大震災直後の地区住民の動向
―宮城県東松島市―

宮城県東松島市は東日本大震災発生直後の住民対応について、平成23年10月15日から10月31日の期間に、津波被災地の20歳以上の住民３５２人を対象として、直接面接によるアンケート調査を実施した。調査対象者の社会的属性は次のようである。

・性別　男子１５６人（44・３％）　女性１９６人（55・７％）

・年齢　20歳代41人（11・６％）、30歳代42人（11・９％）
40歳代47人（13・４％）、50歳代55人（15・６％）
60歳代86人（24・４％）、70歳代以上81人（23・０％）

○津波の予測と避難行動の始まり

大地震発生の時、自分の居た場所で発生した事象（図6-1）のように、「家具の倒壊」、「室内の散乱」、「停電」などが全体の7割を超えた。このような状況下にあって、津波襲来の予測を示したのが（表6-1）である。「津波は必ず来る」、「津波は来るかもしれない」を合計すると、23・6％と、全体の4分の1にも

（図6-1）地震の時いた場所で起きた事象

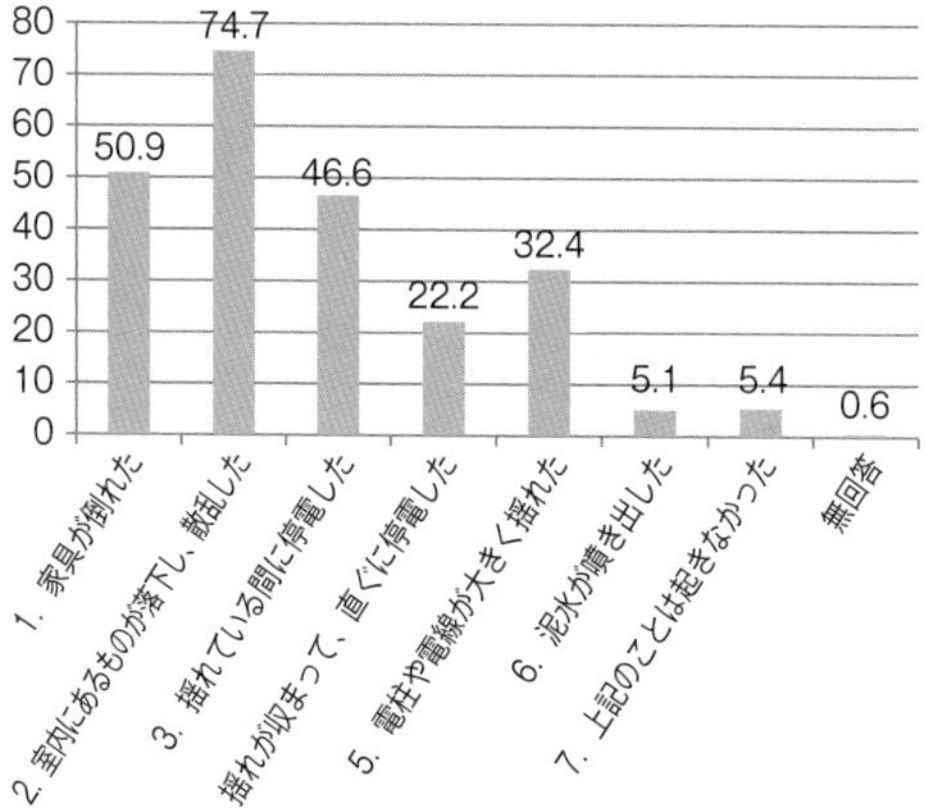

『避難行動に関するアンケート調査』より

（表6-1）津波襲来の予測

項　　目	割合（%）
1 津波は必ず来ると思った	13.1
2 津波は来るかもしれないと思った	10.5
3 津波は来ないだろうと思った	42.3
4 津波のことはほとんど考えなかった	34.1
5 無回答	0.0

達していない。

津波は来ないだろうと考えた理由（複数回答）（表6-2）のような結果であった。

「沿岸部から離れているから」（45・0％）、「今までの自分の経験や知識から津波は来ないと思った」（32・9％）の2項目の割合が高い。それに続くのは、「3月9日の地震（マグニチュード（7・3）でも大きな津波が来なかったから」（18・1％）、「津波の情報などがなく、自分ではわからなかったから」（16・8％）、「2010年の大津波警報の時も大きな津波は来なかったから」（15・4％）、「昔からの言い伝えなどで津波はここまでは来ないと思った」（13・4％）、「1960年のチリ地震の際に避難する必要がなかったから」（10・1％）の7

（表 6-2）「津波は来ない」と考えた理由

項　　目	割合（%）
1. その場所（あなたがいた場所）はハザードマップで浸水が想定されていないから	6.7
2. 地震の揺れはあったが、被害がそれほどでもなかったから	5.4
3. 防潮堤や津波対策がされているから	4.0
4. 高台にいたから	1.3
5. 沿岸部から離れているから	45.0
6. 3 月 9 日の地震でも大きな津波が来なかったから	18.1
7. 2010 年の大津波警報の時も大きな津波は来なかったから	15.4
8. 1960 年のチリ地震の際に避難する必要がなかったから	10.1
9. 今までの自分の経験や知識から津波は来ないと思った	32.9
10. 昔からの言い伝えなどで津波はここまでは来ないと思った	13.4
11. 家族や同僚なども来ないと言っていたから	2.0
12. 津波の情報などがなく、自分ではわからなかったから	16.8
13. その他	10.1
14. 無回答	0.0

『避難行動に関するアンケート調査』より

項目が10%台であった（「その他」を除く）。

　これらの理由のほとんどは、これまでの自らの経験にもとづいたものである。今回の「揺れの大きさ」については、3月9日に発生した地震で、ほとんど被害がなかったことから、「またか。大したことはないだろう」と考えた住民が多かったことがうかがえる。

津波が来ると思った理由（**複数回答**）

（表6-3）としては、「地震の揺れが大きかったから」（72・3%）が突出している。そして「大きな地震（揺れ）が来た時は必ず津波が来ると考えている」（33・7%）と続く。

　「津波が来るだろう」、「津波が来ないだろう」という正反対の予測は、「強い揺れ」と「地震と津波の関係」の理解の程度によるものと考えられる。

（表6-3）「津波が来ると思った」のはどのような理由からですか

項　　目	割合（%）
1 その場所（あなたがいた場所）は津波ハザードマップで浸水が想定されていたから	3.6
2 地震の揺れが大きかったから	72.3
3 防潮堤などがあまり整備されていないから	0
4 大きな地震（揺れ）が来た時は必ず津波が来ると考えているから	33.7
5 今までの自分の経験や知識から	19.3
6 昔からの言い伝えなどを思い出したから	6
7 家族や同僚など周囲の人に言われたから	6
8 自治体や消防等の呼びかけを聞いたから	9.6
9 その他	13.3
10 無回答	0

『避難行動に関するアンケート調査』より

地震後、津波が実際来るまでの間、避難しようと思ったか

「避難しようと思った」(59・7%)、「避難しようと思わなかった」(33・8%)の両者を比較すると、前者の「避難しようと思った」が、後者の倍近くの割合とはいえ、「避難しようと思わなかった」が3割を超える(図6-2)。「避難しようと思わなかった」理由は、「過去の地震でも津波が来なかったから」(62・2%)が最も多い。この点については前項の指摘とほぼ一致する(図6-3)。

地震直後の大津波警報の認知

「大津波警報を聞いたかどうか」については、「聞いた」(42・9%)、「聞かなかった」(46・0%)はほぼ同じ割合である。この設問においては、

(図6-2) 地震後、津波が押し寄せ来るまでの間、津波を警戒し避難しようと思ったか。

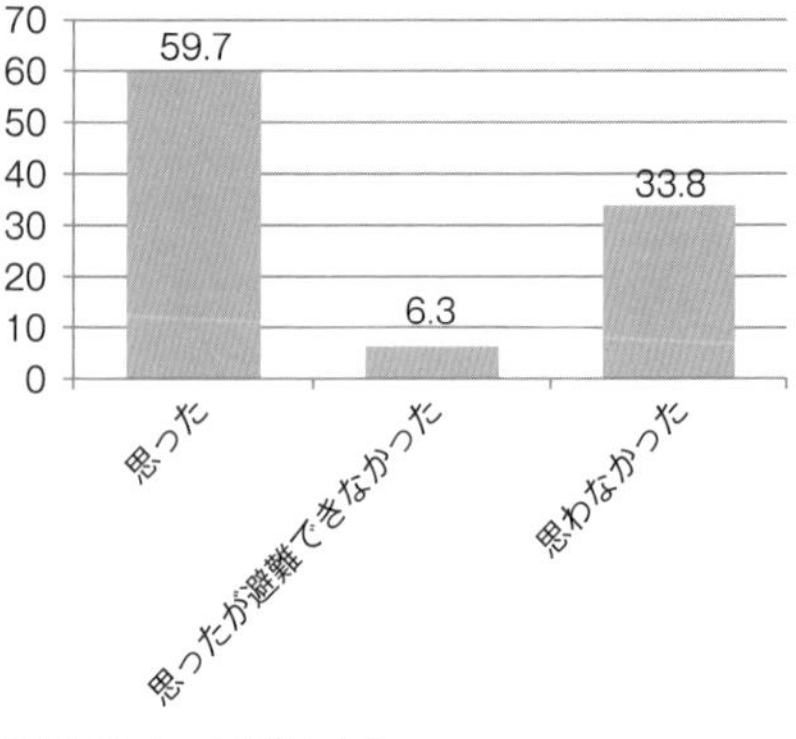

『避難行動に関するアンケート調査』より

地区によりかなりの開きがみられるのは、警報機の設置方向や地形に起因しているものと考えられる。

○主要な情報はどのような「情報媒体」を介して認識されたか

（表 6-4）津波警報を確認した情報媒体

項　目	割合（%）
1 民法テレビから	4
2 NHK テレビから	5.3
3 携帯のワンセグから	3.3
4 民法ラジオから	20.5
5 NHK ラジオから	17.9
6 防災無線の戸別受信機から	13.2
7 防災無線の屋外拡声器から	38.4
8 市町村の広報車から	4
9 家族や近所の人から	5.3
10 警察や消防の人から	4
11 携帯メールから	1.3
12 インターネットから	0
13 その他	11.3

『避難行動に関するアンケート調査』より

（図 6 - 3）避難しようと思わなかった理由

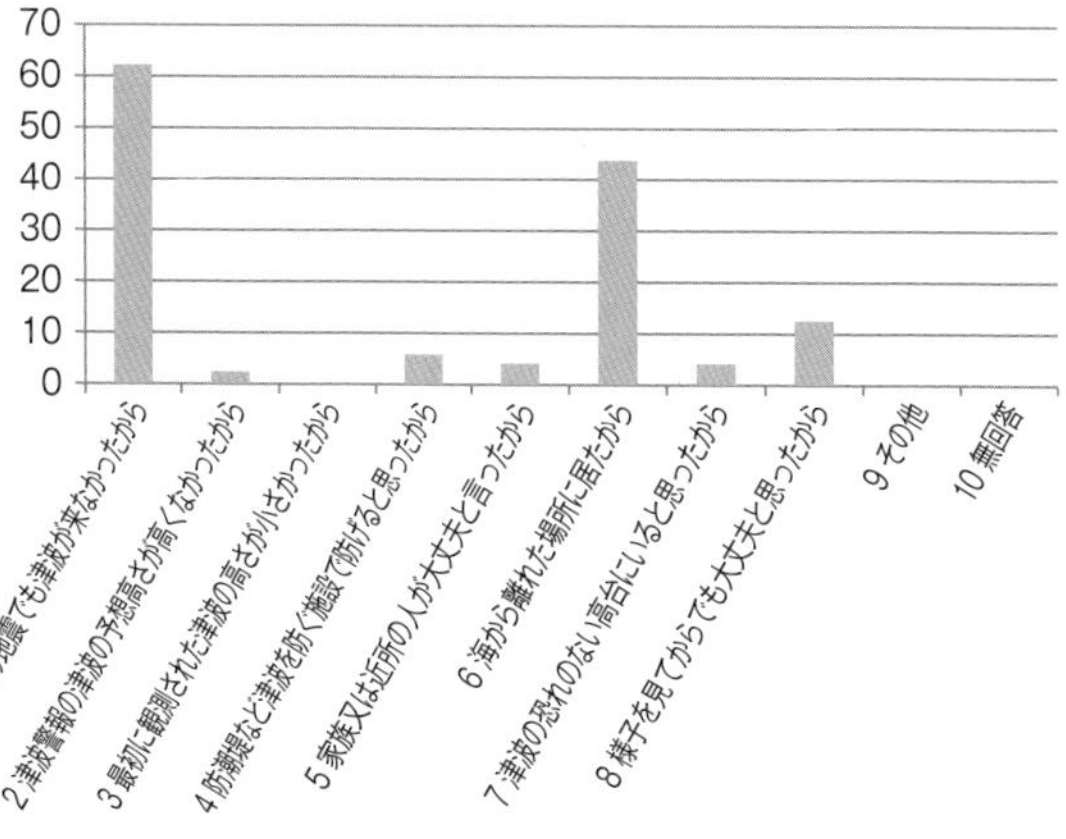

『避難行動に関するアンケート調査』より

（表６-４）のように、「防災無線の屋外拡声器」（38・４％）が全体の３分の１以上を占める、「民放ラジオ」（20・５％）、「ＮＨＫラジオ」（17・９％）、「防災無線の戸別受信機から」（13・２％）と続く。ラジオとテレビを比較すると、ラジオが３倍も多い。その理由としては、停電のため、テレビを視聴することができなかったことがあげられる。

大津波警報を聞いたときに思い浮かんだ行動

（表６-５）にみられるように、「すぐに避難しなければならないと思った」（42・４％）と、「すぐに避難した方がいいかもしれないと思った」（12・６％）の２項目合計で55・０％であった。一方、「警戒の必要はあるが、周囲の様子を見てから判断した方がよい」（19・９％）、「避難するほどの危険性はない」（15・９％）をあわせると、全体の35・８％を占めた。大津波警報が発令されたとはいえ、35・８％の住民が具体的な避難行動を起こしていない。しかも20％

（表 6-5）（「１聞いた」と回答された方に）あなたは、この大津波を聞いた時、どのように思いましたか

項　　目	割合（%）
1 すぐに避難しなければいけないと思った	42.4
2 すぐに避難した方がいいかもしれないと思った	12.6
3 警戒する必要はあるが、海の様子を見てから判断した方がよいと思った	2.6
4 警戒するひつようはあるが、周囲の様子を見てから判断した方がよいと思った	19.9
5 避難するほどの危険はないと思った	15.9
6 その他	6.6

『避難行動に関するアンケート調査』より

近くの住民は、大津波警報を聞いたにもかかわらず、周囲の行動を見ている状況がうかがえる。

最初の出発時間までの所要時間

地震発生から出発を開始する時間を表したのが、（表6-6）である。最も多かったのが「30分以上」（30・1%）、それに続くのが「5分以内」（21・0%）。この2項目は両極に位置しており、沿岸からの距離が影響していることがうかがえる。

出発（すなわち「避難行動」）のきっかけ

（表6-7）にみられるように、「家族・知人の勧め」（29・7%）、「津波が迫ってきたから」（27・7%）、「地震の揺れが大きく津波がくると思ったから」（24・8%）が上位を占めた。

出発に際し、「津波の確認」（津波視認）」は、30・1%である。行政区単位でみると、平均30・1%を超えているのは6行政区で、これらに共通することは、避難行動が「30分以上」だったことである。

（表6-6）最初の出発時間までの所要時間（14：46基準）（　）は%

最初の出発時間までの所要時間(14:45基準)	東名地区	宮戸地区	野蒜地区	全対数
5分以内	5 (50.0)	3 (75.0)	10 (34.5)	74 (21.0)
6～10分以内	0 (0.0)	0 (0.0)	2 (6.9)	23 (6.5)
11～15分以内	4 (40.0)	1 (25.0)	6 (20.7)	69 (19.6)
16～20分以内	0 (0.0)	0 (0.0)	0 (0.0)	7 (2.0)
21～25分以内	0 (0.0)	0 (0.0)	0 (0.0)	16 (4.5)
26～30分以内	0 (0.0)	0 (0.0)	0 (0.0)	14 (4.0)
30分以上	1 (10.0)	0 (0.0)	7 (24.1)	106 (30.1)
無回答	0 (0.0)	0 (0.0)	4 (13.8)	43 (12.2)

『避難行動に関するアンケート調査』より

地震発生後から日没までの間の避難や津波に関する情報源

地震発生→避難→避難所生活という行動過程において、生死を分けるのは、正確な情報をできるだけ早く取得し、それにもとづいた行動をとるかどうかにかかっている。（表6-8）からうかがえるように、具体的な情報源としては、「ラジオ」（45・2%）が圧

（表 6-7）出発のきっかけ

出発のきっかけ	割合(%)
地震の揺れが大きく津波が来ると思ったから	24.8
津波警報を聞いたから	29.9
家族・知人の勧め	29.7
市町村や消防の勧め	5.4
会社学校の指示	3.0
誘導されたため	3.0
津波が迫ってきたから	27.7
避難施設がいっぱいで入れなかった	0.0
ほとんど人がいなかった	0.0
津波が引いたため	0.0
その他	4.0
無回答	0.0

『避難行動に関するアンケート調査』より

（表 6-8）地震発生後から日没までの間、避難や津波に関する情報で役立ったのは何か

項　目	割合(%)
1 家のテレビから	1.7
2 車のテレビ（カーナビ）	9.7
3 ラジオ	45.2
4 携帯のワンセグ放送	5.4
5 携帯電話のメール	3.7
6 携帯電話での通話	3.1
7 防災無線の戸別受信機	6.0
8 防災無線の屋外拡声器	9.9
9 市町村の広報車	2.8
10 家族や近所の人	25.9
11 警察や消防の人	2.8
12 ニュースサイトなどのホームページ	0.0
13 ツイッター、ミクシィ、フェイスブック	0.6
14 役に立ったものはなかった	25.3

『避難行動に関するアンケート調査』より

倒的に多かった。停電状態の避難所、あるいは車中にあって、ラジオのもつ有効性が高いことが示された。それに続くのが「家族や近所の人」(25・9%)。4人に1人は「顔見知り」の関係が避難行動においても有効に機能したことがわかる。質問項目は多岐にわたっているが、日常生活を通じて、情報媒体としているものへの依存度が高い。その情報媒体は、年齢によってかなり異なっている。

○市内自主防災組織のアンケート調査結果

個人の避難行動を中心としたアンケート調査から約1ヵ月後、市内86の自主防災組織を対象としたアンケート調査が実施された(回収率は89・5%)。内容は「避難行動」、「避難道路」、「避難所」、「避難所運営」、「防災備蓄倉庫」、「備蓄品」、「支援物資」、「防災行政無線」、「情報」、「自主防災組織」、「防災訓練」、「その他」の12項目にわたり、全て自由回答方式であった。「東日本大震災検証結果」として取りまとめられた冊子を参考にしながら、主な内容を指摘する。

① 発災直後に役員が参集できたのは61・6%。一方、参集できなかった理由として

は、平日の勤務時間中のため役員不在の割合が多かった。役員が災害対策本部に集結した後、津波の危険性から他の場所に移動せざるを得なかったのは「2」であった。

② 市では「『震度5強』以上の地震発生時、あるいは「津波警報」、「大津波警報」が発表された時、各自主防災組織は災害対策本部を設置すること、そして災害対策本部設置後は地域自主防災組織へ連絡」という連絡の徹底を申し合わせていた。しかしながら、その申し合わせが守られたのは37・7%にとどまった。

③ 安否確認の実施は72・1%。災害時要援護者や一人暮らし、あるいは高齢者世帯を中心に実施された。防災訓練を通じて、災害発生時の対応マニュアルが浸透していたことがうかがえる。

④ 指定避難所への避難誘導は25・6%。アパートや借家の多い地域では住民の把握が十分ではなく、かなり難しい面もあった。

⑤ 避難所運営のあり方についての意見は多岐にわたった。とりわけ、「班編成と部屋割り」、「避難者カードの作成」、「各団体が一堂に会した定期的な会合の開催」、「役割分担」などに関しては、多くの課題が指摘された。

⑥ 指定避難所への避難ルートについては、あらかじめ決められているルートにもとづく移動が原則とはいえ、これまで経験したことのなかった方向からの津波の襲来や規模のため、事前のルートでは危険であるという判断にもとづいて別ルートを選択しなければならない事例もみられた。そのために、津波の危険にさらされる可能性のある避難所については、「代替避難所が必要である」という要望が数多く寄せられた。

【反省すべき点】
主要な反省点を以下に記す。
① 要援護者の避難は、車いすやゴムボート、胴長等の事前の準備の必要性。また、避難誘導においては、前もって誘導人員の確保や、役員以外でもそれにかかわることができるような組織体制づくり。
② 避難所運営に関しては、避難者数、避難期間によって様々な対応をとらざるを得なかった。とりわけ、長期に及ぶ場合、特定の役員に負担がかかりすぎることは避けるべきであり、役割分担について、さらなる検討が必要である。また、予測

をこえる問題もしばしば発生するので、自主防災組織、消防団、民生委員、婦人防火クラブ、ＰＴＡなどの横の連携を密にする必要がある。

③指定避難所においては、津波の浸水地域内に指定されていたところもあり、早急な見直しが必要である。指定避難所の選定にあたっては、既存のマップのみで判断するだけでなく、地域住民の意見を参考にすべきである。

④地区避難所に指定されていた小学校との事前の対応が十分になされていなかったことから、避難所の運営方法に課題を残した。備蓄倉庫の場所、備蓄物資の種類や量について、普段から地域住民が容易にわかるような措置が講じられる必要がある。

⑤避難所に指定されている小学校からは、いざという時は、「昇降口のガラスを壊して、中に入ってもいい」と言われていたが、「鍵のひとつは行政区長に預けてほしい」という要望も多かった。

⑥被害が大きかった地域では、自主防災組織はほとんど機能しなかった。あのような厳しい状況下にあっては、避難誘導や安否確認はどこまでやるべきか、判断が難しい。

⑦　指定避難所と家庭における垂直避難者については、行政の対応の面でかなり違いがあった。とりわけ、家庭における垂直避難者には、行政からの情報の伝達方法が不十分であった。

⑧　地域の指定避難所のみならず、場合によっては近隣の避難所を利用しなければならなくなることも想定されるため、隣接地区の避難所がどこにあるかを知っておくことも重要である。ある避難所では市外からの住民が１００人近くに達したところもあった。

⑨　市内でほとんど被害にあわなかった地域もあり、応援依頼することもひとつの方策である。そのためには、事前の市全体の申し合わせや連絡網の整備が求められる。

⑩　自主防災組織の代表者が不在のとき、その対応のあり方について検討する必要がある。

○市内三地区の避難行動

沿岸部地域では、１～２週間程度は避難所生活を余儀なくされた地域も少なくない。

東日本大震災直後から多くの被災地の住民は、かつて経験したことのなかった状況と向き合わなければならなかった。そのような状況下において、消防団と自主防災組織はどう対応したかに注意を払いながら、東松島市沿岸部に位置する三地区を取りあげたい。

東名地区・宮戸地区・亀岡地区の位置

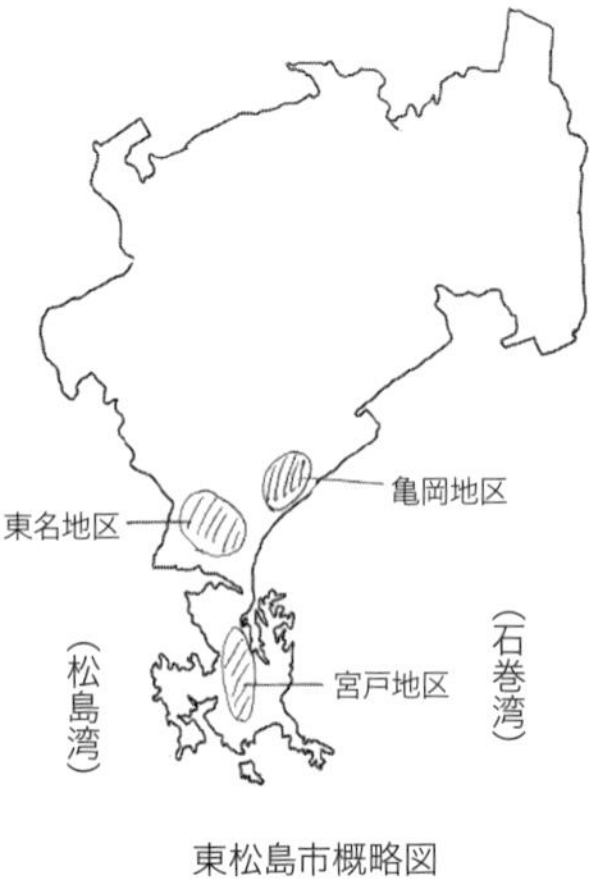

東松島市概略図

「東名地区」

東名地区は、海抜0メートルの低地帯であり、東日本大震災以前にも台風、高潮、大雨などによって冠水する、いわば、災害の常習地帯でもあった。流入する海水量を調節する役割を果たしていたのが東名水門であり、東名水門は地区住民の生活にとっては生命線的存在であった。

その東名水門の管理を国土交通省から委託されているのが、第10分団（東日本大震災当時）所属の東名部である。東名部は例年、少なくとも10日間程度は夜を徹して水門管理にあたってきた。東名部と東名自主防災会の関係は、長年にわたって信頼関係が築かれており、「この地区の安全・安心は消防団なしでは考えられない」と語る地域住民は多かった。

東名地区の防災会長（以下「防災会長」）が地震に遭遇したのは、自宅から2キロメートルほど離れた市民センターであった。まもなく市の防災行政無線を通じて「大津波警報が発令されました。避難してください」という放送を耳にし、ただちに自家用の軽トラックで自宅に戻った。自宅に着いたのは14時50分ごろであった。その時、防災会長の妻は既に避難所に向かう準備を整えていた。

地区内のほぼ真ん中を走る県道奥松島松島公園線は車で渋滞しはじめており、妻を東名地区の丘陵側に位置する新東名地区に住む防災会長の弟の家の前で降ろし、「大津波警報が発令されました。指定避難所に避難してください」と車の中から叫びながら、地区内を一周した。東名地区では事前に取り決めをしている安否確認を示す白い布が、何軒かの門口に掛けられていることが確認できた。

当日は小雪混じりの天候であり、地区指定避難所である長石神社の一角にある防災倉庫からテント2張り、発電機2台、投光機2台を取り出した。ただ、防災会長は「これまでの経験から、津波はこの付近までは来ないだろう」という思いはあった、と後日話されていた。

防災会長が長石神社に着いた時には、既に20人ほどの住民が避難していた。地域住民の一部は、神社から２キロメートルほど離れている市の指定避難所の野蒜小学校体育館に向かった。途中、倒壊した家も多く、その箇所は片側通行状態であった。普段より多くの時間を要したため、第二波の津波に呑み込まれ、犠牲となった人も少なくなかった。

長石神社には１７０人ほどの住民が避難した。多少遅れて避難して来た住民から、「いま、津波が東名運河を超えて、こっちに押し寄せてきた」と聞かされ、防災会長は「テントの中は危険である」と判断し、より高台に位置する神社境内に移動した。境内は狭い空間のため、若い人は急斜面の裏山に避難した。

暗くなりはじめた頃には、多少なりとも、津波は引きはじめたものの、ヘドロとがれき、さらに寒さで移動することは難しく、３ヵ所で焚火をしながら暖をとった。余震は間断なく続き、神社の灯篭が倒れることが心配され、近づかないように指示した。多く

大震災直後の野蒜小学校体育館

の人は腰のあたりまで濡れていたため、時間の経過とともに、寒さは身に堪えた。

長い時間、〝じっと〟していると「寒く」、「寂しさもつのる」ため、一時でもその状況を解消するため、高い場所の人から順番に、「1．2．3——173」と二度ほど、声を出し合ってお互いの存在を確認し合った。

翌朝、若い人たちが中心となって、即席の担架を作り、高齢者や体調不良を訴える住民をそこから2キロメートルほど離れた定林寺に搬送した。

東日本大震災時、東名部団員のメンバーは30名、そのうち、津波の襲来時、東名地区にいたのは7名。そのほとんどが、水門の閉鎖、住民の避難・誘導にあたった。東名部分団長と自主防災会長が、震災後、初めて言葉を交わしたのは震災翌日の夕方であった。そのとき、分団長は分団詰所が流出したため、仮詰所の設置を要望した。

津波により家屋のほとんどが流失したことに加えて、海抜0メートル地帯の新場や元場の2行政区は、海水がなかなか引かないので、集落内に足を踏み入れることはできなかった。また外部から不審者の侵入も予想され、防犯上、新場と元場への出入り口付近を封鎖する必要があった。そのため、東西に走る県道奥松島松島公園線と新場、元場へ延びる市道の交差点付近のやや小高い場所に、地区防災会の保管倉庫に唯一残ったビニールシートを借用し、17平方メートルほどの仮詰所を設置した。

仮詰所ができたことで、団員相互の意思疎通がはかられ、しかも行方不明者に関する情報も集約化されるようになった。分散した避難所を中心とした地域住民の安否確認は、様々なルートを通じて行われた。

仮詰所付近には、津波の被害が比較的軽微であった団員宅があり、電気が通ると、電話やファックスが借用できたことから、市災害対策本部や消防団本部への連絡もスムーズとなり、東名地区の孤立状況は徐々に解消されていった。

東日本大震災発生の翌日には、新たな避難先として、周辺の地区センターや寺院に移動した。大震災直後の混乱した状況では、避難所の選定は、防災会長が中心となり、心当たりの場所に連絡し、避難所の確保に努めた。特に防災会長は旧鳴瀬町時代に役場の要職にあり、区内はもとより周辺の事情にも精通しており、様々な人脈を保持していたことが有効に機能した。

仮詰所／東松島市団第 10 分団東名部

東日本大震災当初、地区住民は10ヵ所以上の避難所に分散しており、住民の安否確認は困難をきわめた。東名部では、防災会長が東日本大震災の翌日から、自らの避難先であった親戚宅から、朝５時半前には出発し、全ての避難所の巡回活動を実施した。防災会会長は、「このような未曾有の災害に遭遇したときこそ、地区防災会は機能しなければならない」という思いが強かった。

３人の副会長（区長兼任）や役員はそれぞれの避難所の責任者として、人や物の動きについて、防災会長に逐一報告した。自衛隊や団員による行方不明者の捜索活動が本格化した3月15、16日頃からは、東名部団員は若い年齢層が多いことから、分団長から防災会長に対して「我々、若い者には名前のわからないご遺体も多く発見されている。できればご遺体の確認に立ち会ってほしい」との申し入れを行った。それを機に、防災会長と３人の副会長は交代でその任に当たった。

仮詰所ができたことにともない、行方不明者の家族や親戚から、行方不明者の身長、体重などの身体的特徴や着衣に関する情報が寄せられるようになり、その情報は仮詰所内に貼り出された。こうした動きを通じて、地区防災会と東名部の情報の一元化がはかられていった。自主防災会と東名部は災害対応だけでなく、地区の防災訓練、お祭りの警備、巡回活動、東名六親講といった区内のさまざまな行事に共同で対応しており、顔見知りの関係であった。

「宮戸地区」

宮戸地区は仙台湾に突き出た半島部を形成し、陸繋島の地形である。宮戸地区の中央部には島内で最も高い大高森（１０５・６メートル）がある、大浜、室浜、月浜、里浜（これらを総称して、「四浜＝しかはま」という）からなる。磯釣りのメッカで、民宿も多い。

地震発生とともに、各行政区長と、それぞれ15名前後から構成される自主防災会の役員と消防団員が中心となり、避難行動が始まった。軽トラックを利用し、指定避難所となっている宮戸小学校まで搬送活動が行われた。事前に優先順位や乗り合わせる人を決めているわけではなく、「いざ」というときは、常日頃から親しい付き合いをしている住民との間で、暗黙の了解がなされている。

島内の道路は狭く、とりわけ指定避難所である宮戸小学校の校門付近は車同士のすれ違いがやっとという状況であったが、互いに譲り合い、避難行動はスムーズに行われた。車同士がすれ違う時は、「あっち（指定避難所）で会おう」というのが合言葉であった。

３月初めは休漁期のため、８割近くの団員は地元にいた。しかも磯釣りシーズンでなかったこともあり、島外の人はきわめて少なかった。生業基盤となっている磯釣り客の宿泊や海苔の養殖は天候に左右されやすいため、気象に対しては長年にわたって言い伝えられてきたことが今日においても引き継がれている。

宮戸小学校には、地元住民８００人と、観光客、工事関係者、奥松島縄文村資料館を訪れて民宿を利用していた１００人、合わせて約９００人近くが避難した。それぞれの浜には一時避難所はあるが、今回は揺れの大きさから、大津波が予想されたため、住民のほとんどは宮戸小学校に避難した。

津波の第一波はさほど大きくなかったが、第二波によって沿岸部付近の岸壁、家屋や納屋、倉庫などの構造物、さらには道路や橋梁が破壊された。

震災発生から４日目、「宮戸は陸の孤島となった」と報道されたこともあり、翌日には自衛隊のヘリコプターにより、物資の投下が始まった。団員は道路に山積みされているがれきの撤去作業を行い、道路の確保につとめた。一方、自主防災会の役員は、投下された物資の仕分け作業、食後に出るごみの分別が日課となった。

そして連日、午前と午後の２回、防災会長、区長、コミュニティ会長、学校関係者、団幹部が校長室に集まり、新たに発生した問題の対応策と、翌日の作業確認を行った。

宮戸地区では今日なお、様々な講組織が生活上の重要な役割を果たしており、地域住民が顔を合わせる機会は多かった。なかでも、1月21日と8月21日の年２回各地区毎に行われる「伊勢講」は、ほとんどの島民がメンバーとなっている。その他には、「八幡講」、「観音講」、「山の神講」などがある。

避難所となっている宮戸小学校は約１３０年前に建てられた。先人が「島民の心をひとつにする拠点として、私財をなげうって建築された」と言われており、長年にわたって島民のまとまりの象徴的存在である。自分の子どもが小学校卒業後においても、「宮戸小学校賛助会員」となり、小学校の「ＰＴＡだより」が配布されている。そのため、小学校の動きが手に取るようにわかるという。このような仕組みが、宮戸小学校を中心とした島全体の人々の強い結びつきを築きあげている。

市の災害対策本部とは、宮戸小学校が保有していた無線

宮戸小学校と記念碑

機を使用して連絡を取りあった。自主防災会は、多少落ち着きはじめたころから、各自が持ち寄った米、みそ、野菜などの食料品の提供者の一覧表を作成し、その後の精算の際に問題が起きないような心配りもした。また、災害対策本部からの連絡事項はすべて黒板に書き出し、できるだけ避難住民の目に触れるようにした。

団員は、地震の発生と同時に水門閉鎖を行った。また、不審車が島に入って来ることも考えられたため、漁港を閉鎖した。外部と通じる道路にはゲートを設け、午前6時に鍵を開け午後8時に施錠することも日課であった。

余震が減少しはじめたころ、船の航行できるコースが確保され、団員と自主防災会役員が小型船舶機を使って2キロメートルほど離れた対岸の大塚浜（東名部と隣接）まで出向き、災害対策本部から配布される物資を搬送した。また日が経つにつれ、家に残してきたペットの様子と自宅の状況確認、さらに「貴重品は手元に置きたい」という住民も増えてきたことから、「一時帰宅者名簿」を作成し、「月日、年齢、性別、行き先」を

大震災当時の記録に目を通す佐藤康雄さん
（宮戸小学校内の仮設住宅において）

記入した書面提出をお願いし、許可証を与えた。このような非常時には、人員の動向を把握することが重要であると考え、自宅に向かう住民の安全確保のために必ず団員が付き添った。

その後、大きな船の航行が可能になると、病院通いの高齢者を中心として、前日午後８時まで乗船理由を書いたメモを本部に提出を義務づけた。午前８時と午前10時の２便が運航され、常備薬の調達や親類の安否確認が認められるようになった。

このような宮戸小学校での避難所生活は１ヵ月ほど続いた。この間、体調をくずした高齢者の緊急搬送には自衛隊のヘリコプターが使用された。

小学校を中心としたコミュニティの形成と、家と家との長年にわたる本家―分家関係が重層化され、そのことが東日本大震災でも機能した。

「亀岡地区」

亀岡地区は、鳴瀬川河口から東名運河一帯にかけての野蒜地域の南東部に位置する。亀岡地区は県道奥松島松島公園線、ＪＲ仙石線が走り、野蒜地域一帯の交通の要衝である。

２０１１年７月現在、亀岡部に所属する団員は17名。地震発生時、避難誘導や広報活動に従事できたのは７名。うち２名は津波の犠牲となった。

　地震発生後間もなく、部長と団員１名は部所有の積載車で、「ただいま、大津波警報が発令されました。海岸には絶対に近寄らないでください」と、15分ほどの時間をかけて、管轄区域内を一巡した。その後、２名は亀岡部詰所に隣接する亀岡区コミュニティセンター前で炊き出しの準備にとりかかった。ところが、間もなく、近くを走る県道奥松島松島公園線の方から大声で「津波だ。津波だ。早く逃げろ」と叫ぶ声が聞こえてきた。

　亀岡部の会計係を担当していた団員は地震発生時、仕事の関係で隣接する東名地区にいた。地震発生後まもなく、消防団活動を行うため亀岡部の詰所に行こうと考えたが、東名運河と並行して走る県道奥松島松島公園線は、既に車が渋滞しはじめており、緊急時に地元住民が利用することの多い丘陵を迂回する道路を通り、亀岡部の詰所前に自家用車を止めた。歩いて２分ほどの距離である自宅に戻り、団服に着替え、詰所からほど近い指定避難所となっている野蒜小学校の体育館前で、地域住民の避難誘導活動を行った。

　ところが、間もなく校庭に向かって３方向から流れ込んできた津波が野蒜小学校の校舎にぶつかり、流されてきた１００台以上の車が渦を巻きはじめた。

体育館の１階のフロアに避難していた人々は互いに協力し合い、高さ３メートルほどのデッキに這い上がった。

津波はデッキまで20センチほどの高さにまでに達した。津波の勢いが少しずつ弱まり、避難者は、多少は安堵したものの、体育館内の気温が急激に下がり０度以下になった。

体育館内にいたほぼ全員がずぶ濡れ状態であり、「このままでは多くの人が凍死するかもしれない」と考え、消防団、学校関係者、ＰＴＡ、区長、防災会役員などが話し合い、午後10時頃から屋根付きの渡り廊下を通って校舎内に移動しはじめた。体育館と校舎の間は50メートルほどの距離であったが、渡り廊下はがれきが山積みされた状態であったため、消防団員や若い人たちが協力し合ってひとりずつ校舎に移動させた。全員が移動し終えたのは午前２時近くであった。

３日目以降になると、遺体があまりにも多く、体育館だけでは収容しきれなくなったので、団員が中心となって７キロメートルほど離れた石巻西高校に遺体を搬送した。

この頃になると避難者の間で、「この付近に不審者が出入りしているようだ」ということが話題となり、避難住民から、消防団に対して治安強化の申し入れがあった。それを受けて、団員は夜間、車中で監視活動を行うことを決めた。３月14日の時点で、野蒜小学校の避難者数は大人３６６人、子供51名の合計４１７人（最も多かった震災当日は９５８人）であった。

団員は、日中は遺体の捜索と搬送、夜間は不審者情報にもとづく監視活動を行わなければならず、過酷な任務であった。１週間ほど経過した頃から、避難住民は内陸部の指定避難所へ移動しはじめたので、津波被害をほとんど受けなかった数戸を除いて付近一帯は無人状態と化した。亀岡部の詰所は破壊され、活動拠点として利用することは不可能であった。一方、これまで避難所として利用していた野蒜小学校内にはパソコンをはじめ多数の教育機器があり、亀岡部では、野蒜小学校の２階東側の一室を仮詰所として団活動を継続した。

地域住民からは、津波によって破壊された家屋とはいえ、家には家族の歴史が刻まれている。それらをなんとしてでも守ってほしいという要望が寄せられ、亀岡部では、不審者の取り締まりに活動の重点をおいた。

亀岡部の夜間巡回活動

３人の区長（１人は入院中）は、仮詰所に時々顔を見せることはあったが、災害対策本部からの緊急の連絡事項の伝達が中心であった。このような団活動は８月３日まで継続された。この間、教室内にある黒板には、不審者と思われる車のナンバーが書き加えられた。そして、その都度、地元の警察に連絡した。

市の消防団長や幹部数人が各分団の巡回状況の折に立ち寄ったり、あるいは市役所から、連絡のため関係職員が尋ねて来ることはあったが、一部の住民を除いて地区住民が仮詰所に足を運ぶことはあまりなかった。

亀岡部の夜警活動の仮眠所

○市内三地区の行動比較

大地震発生から津波の到達時間は30分～40分であった。この間の行動がどのように行われたかが生死を分けた。東名地区、宮戸地区、亀岡地区の対応の違いに気配りしながら記述したい。

　避難行動を起こした時間は、１１１ページ（表6-6）からうかがえるように、東名地区においては、90%の住民が15分以内、宮戸地区は全員が15分以内であった。それに対して、亀岡地区（※（表6-6）は野蒜地区として取り扱われており、この表には新町地区も含まれる）は5分以内が最も多かったが、一方で30分以上の住民が24・1%もいた。この違いは、エリア内の地形、面積、道路の渋滞状況などと関係する。東名地区と亀岡地区に共通することは、消防団、自主防災組織の役員、隣近所を中心とした巡回活動や声掛けによって、避難行動が始まったのに対して、最も早かった宮戸地区では、地震発生時の具体的行動が長年にわたって継承されていたこと、そして、「マケ」と称される同族の結びつきや、各種の講組織が有効に機能していたことが考えられる。

　避難行動の開始時刻、海岸から避難所までの距離、さらには避難所の高低などにより、人的被害にかなりの差が生じた。また、団員や自主防災組織の役員等が地元にいるかどうかということも住民の生死に大きくかかわっている。加えて、他所からに当地に働きに来ていたり、あるいは観光客などの多さによっても様相は大きく変わる。宮戸地区では観光シーズンでなかったことが幸いした。

指定避難所に移動したものの、津波の高さが想定を超えるものであり、東名地区、亀岡地区では、急遽、避難所を変更せざるを得なかった。当日は厳しい寒さのため、高齢者にとっては過酷な状況であった。亀岡地区では、野蒜小学校の体育館では夜間の寒さに耐えられないという判断から、校舎内に移動をしなければならなかった。

移動に際しては、団員と自主防災組織の役員、ＰＴＡが協力しあって乗り切ることができた。これに対して、宮戸地区は、明治６年に宮戸小学校を建設する際には、津波の来襲を想定し、島内では最も高い場所で、しかも四浜のほぼ真ん中に位置している場所を選定した――。先人の知恵が、今回の大地震から多数の住民の命を守ったのである。

第7章 消防団基本法の制定と連携のあり方

○「東日本大震災後の我が国消防のあり方に関する意見―消防団を中心として―」の決議

東日本大震災の発生を機に消防団を取りまく諸課題が、これまで以上にクローズアップされた。なかでも、大きな被害を被った岩手、宮城、福島３県では、団員の減少は著しく（表７-１）、しかも２５４名の団員が犠牲となった。団員の減少は地域防災力の低下に直結し、地域の安全、安心を脅かしかねず、団員確保が急務の課題であった。

平成24年２月23日、日本消防協会は「東日本大震災後の我が国消防のあり方に関する意見―消防団を中心として―」を決議した。

決議文では、東日本大震災後の消防団の課題について次の３点を指摘している。

第１点は、東日本大震災の被災地域はきわめて広範囲に及んでいる。被害状況は地形や沿岸との距離、震度に限らず、消防団、自主防災組織、地域住民の日常の防災活動、すなわち地域防災力によって大きな違いがみられた。それは、決議文の「今回の東日本大震災は、消防団を中心とする地域の防災体制の強化のスタートである」という言葉に端的に表現されている。そのためにも、団員確保の方策の検討、地域住民との距離感をどのように縮小していくかが重要である。

第２点は、就業構造の変化により、団員のサラリーマン化は７割にも達しており、消防団員＝自営業者という構図ではない。現在の団員の７割は、「二足のわらじ」をはいている状態にある。このような消防団の実情を考えるなら、消防団活動を社会貢献活動として明確に位置づけ、活動しやすい環境づくりが課題になる。

第３点は、団員の安全性の確保、団活動の効率性から、装備の充実が求められる。具体的には、消防団活動を継続する

(表 7-1) 岩手・宮城・福島三県の団員数の推移 (平成22年を100とする)

各年次	岩手県	宮城県	福島県	全国
平成 22 年	23,420 (100)	21,681 (100)	35,340 (100)	883,698 (100)
平成 24 年	22,912 (97.8)	21,053 (97.1)	34,799 (98.4)	874,193 (98.9)
平成 25 年	22,523 (96.2)	20,720 (95.6)	34,443 (97.5)	868,872 (98.3)
平成 26 年	22,415 (95.7)	20,304 (93.6)	34,465 (97.5)	864,347 (97.8)
平成 27 年	22,202 (94.8)	19,906 (91.8)	34,094 (96.5)	859,995 (97.3)
平成 28 年	22,125 (94.8)	19,784 (91.3)	33,798 (95.6)	856,278 (96.9)
平成 29 年	21,863 (93.4)	19,515 (90.0)	33,456 (94.7)	850,331 (96.2)

各年次の『消防白書』より集計

には、水、食料、燃料、非常用電源などを常備しておく必要があることは言うまでもない。また、団員が活動中、孤立することは絶対に避けねばならない。そのためには多重通信網の拡充が求められる。

団員は地域の安全・安心のリーダー役として、防災対策の先頭に立つことが期待されている。そのためには、団員自らが様々な学習機会に参加し、防災への幅広い知識を習得する必要がある。また消防団の活動拠点となっている「消防団詰所」はこれまでのように消防団の会議、ポンプや装備品の収納庫として活用するだけでなく、地域住民のコミュニティセンターとして利用することも重要である。コミュニティセンターは消防団と地域住民の距離感の縮小に役立つ。

高齢化、過疎化の進展、さらには、首都直下、南海トラフといった巨大地震の発生確率が高まるなか、防災関係機関、国、地方自治体の連携によって、地域総合防災力が強化されるのである。この点について、決議文では次のように指摘している。

地域総合防災力の強化には、住宅、道路、河川、公園あるいは学校、福祉施設、医療機関など、あらゆる社会基盤の整備やその具体的な運営において、防災・減災の視点を横軸として貫くような考えで検討し、必要な措置を講ずることが望ましい。すなわち、あらゆる地域政策の中に防災・減災の視点を取り入れ、総合的に推進することが望まれる。このことから、これまでとは異なる連携のパターンが創出される。たとえば、河川流域の消防団と自主防災組織、分団と複数の自主防災組織の連携などがあげられよう。

このような意見を踏まえて、平成25年12月13日、「消防団を中核とした地域防災力の充実強化に関する法律」（以下、消防団基本法）が制定された。

○消防団基本法の制定と理念

消防団基本法は21ヵ条と附則から構成されている。消防団基本法の成立は、昭和23年3月に制定された消防組織法から64年後のことである。この間、日本の社会・経済・政治状況は大きく変化した。平成7年の阪神・淡路大震災や同23年の東日本大震災のような巨大地震の発生により、国、地方公共団体、消防団、自主防災組織、隣組などの連携なくして対応することは不可能であることが実証された。

消防団基本法を貫いているのは、それぞれの地域に応じた地域防災力の向上と、各防災機関相互の連携のあり方をいかに構築するかという二点に要約される。これら二つは深くかかわりあっており、「連携」のあり方に重点をおいて、この法律のねらいについて説明したい。

第1は、地域住民、自主防災組織、消防団、地方公共団体、国などの多様な活動主体が、それぞれの役割を分担し合いながら相互に連携協力することが必要である。なかでも、消防団と自主防災組織の連携のあり方が地域防災力に決定的な意味をもっている。そのためには、消防団員の確保と、自主防災組織の活性化が大きな鍵を握っている。

第2は、消防団が連携の中核的存在として位置づけられたこと。

消防団は自主防災組織を指導する立場に位置づけられた。平成12年消防庁告示第1号により、消防団の業務として、新たに加わったのが、地域住民等に対する協力、支援及び啓発に関する事項である。そのひとつが、「自主防災組織に対する協力・支援」である。そのためには、災害発生時の避難行動の重要性を共有し、協働関係を構築することである。

第3は、自主防災組織等の教育訓練における消防団の役割を通した連携である。

消防団基本法第18条において、消防団が自主防災組織及び女性防火クラブ、あるいは少年消防クラブ、市町村の区域内の公共的団体その他の防災に関する組織の教育訓練において指導的役割を担い、必要な措置を講ずるよう努めることが求められた。

消防団が自主防災組織、女性防火クラブ、少年消防クラブなどの指導的立場に立つ前提として、消防団自らが研鑽を積み、技術向上をはかる必要がある。消防団員の研修の場としては、消防学校をはじめ、県や市町村で実施する研修会への参加が前提である。

第4は、東日本大震災の教訓のひとつとして、災害対策は気象予報、交通整理、応急手当などの多様な要素を含んでおり、それらを学習し、習得することにより、防災問題に対する新たな方策が生まれる。しかも7割を超える団員がサラリーマンである現状においては、企業自体も地域社会の一員であることを、あらためて認識すべきである。

第5は、消防団員の安全確保のために、装備の充実に加えて、消防団活動に対する地域住民の理解が、より大事である。

消防団活動の充実強化の前提は、消防団員の装備の改善、資材又は機材の確保及びその財政的措置を講ずる必要がある（消防団基本法第14条、第15条、第17条）。消防団活動の前提は、団員の安全性の確保であり、「退避」の重要性を、できるだけ多くの地域住民に周知徹底をはかるべきである。消防団員は地域社会にとって有効な人的資源であることを再確認する必要がある。

○団員増加対策（公務員・女性団員・学生団員）

(1) 公務員の消防団員との兼職

消防団基本法第10条において、「国家公務員及び地方公務員は、消防団員との兼職を認めるように求められた場合、職務遂行上支障がない限り、これを認めなければならない」と明記された。

消防団基本法の制定以前から、公務員にあっては（その多くは地方公務員）、団員との兼務が行われていた自治体も存在していたが、地方自治体により、その対応はまちまちであった。

平成14年11月25日付で、「公務員においても、一時的・例外的に本来の業務を離れ、こうした活動を行うことは、消防団の活性化につながり、ひいては国民の生命、身体及び財産の保護にも大いに資するものであります。以下略」という内容の消防課長通知が送付された。この通知は、消防団基本法に基づき、平成27年から総務大臣「書簡」として送付されるようになった。平成22年以降、公務員の消防団への加入者は漸増傾向にある。その多くは地方公務員である（図7-1）。

平成27年は対前年比1、276名と例年に比べてかなり増加している。平成28年、29年も対前年比800名と増加傾向が続いている。

公務員の消防団との兼務により、「災害対策本部が設置された場合、責任者不在ということになりかねないのではないか」ということが危惧される。災害規模や勤務時間とかかわる問題でもあり、さらに、検討する必要がある。一方、「分団内における話し合いを通じて、行政に対する本音を聞くことができるし、また地元の情報が得やすい」という側面もある。

（図7-1）国家・地方公務員の消防団員数の推移

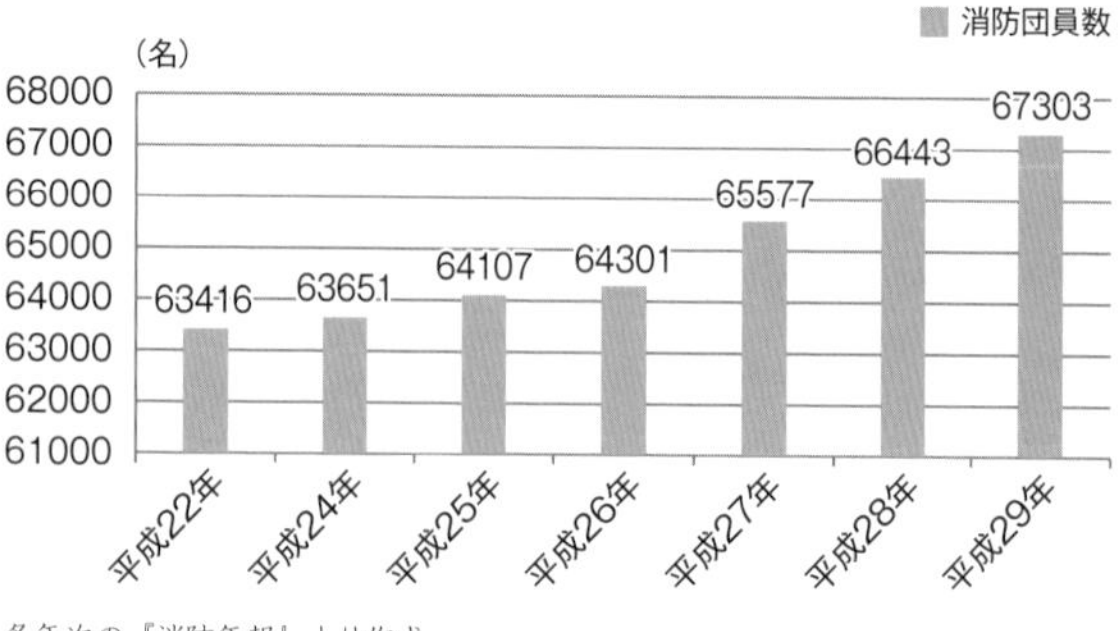

各年次の『消防年報』より作成

（2）女性団員

消防団基本法第9条には、「国及び地方公共団体は、消防団への積極的な加入が促進されるよう、自らの地域は自ら守るという意識の啓発を図るために必要な措置を講ずるものとする」と明記された。

これまでは、消防団員＝男性と考える地域住民がほとんどだったが、社会・経済状況の変化により、女性団員の加入促進がはかられている。女性消防団員の加入は、全国の分団（平成29年4月1日現在　２２、４５８）のおよそ6割に及んでいる。

全国の女性団員数が初めて公表された平成2年には、１、９２３名であった。その後一貫して増加傾向にあり、平成29年には２４、９４７名を数えている。それでも、日本消防協会が掲げる10万名にはかなりの開きがある。

主な役割としては、避難所対応、応急手当・救急救命講習の講師、さらには日常的な高齢者や一人暮らし世帯への戸別訪問がある。現在、女性団員数が多いのは、東京都、北海道、神奈川県、長野県の自治体で、これらの4自治体で全体の4分の1以上を占める（図7-2）。

女性団員は、かつては本部付分団のケースが多かったが、平成17年の機能別団員制度の導入にともない、女性団員だけからなる機能別分団と位置づけられる傾向がある。名称は、花の名前が付されることが多く、そのこと自体が消防団のイメージを変える可能性がある。

(3) 学生団員

消防団基本法第12条は、大学生(専門学校生を含む)に対する積極的な入団勧誘を明記した条文である。消防団の入団資格は満18歳以上であり、ほとんどの大学生や専門学校生には、入団資格がある。消防団の年齢構成は幅広く、多様な職業に就いている人から成り立っており、実社会の一面を直接体験できる。

近年、学生の入団促進をはかるために、学生消防団員活動認証制度を採用する自治体が増える傾向にある。このことは消防団活動の取り組みを評価し、就職支援活動

(図7-2) 女性団員数の推移

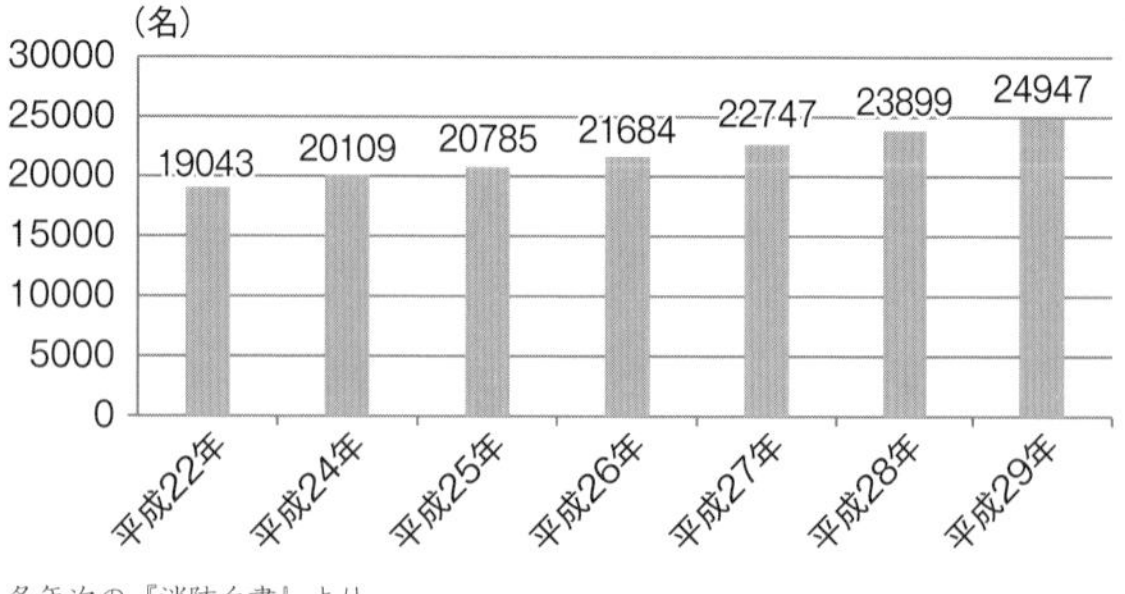

各年次の『消防白書』より

に連動しようとする動きの一環である。平成22年には、全国で１、８０４名、学生団員の不在は４県であったが、平成29年には、全国で３、９９５名となり、全ての都道府県に存在している。学生団員の役割としては、ＩＴを活用した広報活動、大規模災害時の後方支援などが主なものである。また大学構内に学生団員だけからなる学生分団も誕生している（図7-3）。

女性団員、学生団員は、基本団員とは異なり、特定の役割を担う機能団員が大部分である。団員減少に対する補充という意味があるとはいえ、自然災害の多様性と大規模化、また避難所生活の長期化や広報活動の重要性に対しては、これまでの消防団のみでは十分に対応できないことが少なからずあった。

女性団員や学生団員の増加は、伝統的な消防団の活動の仕方に、変化を生み出す可能性がある。

（図7-3）学生団員数の推移

各年次の『消防白書』より

（4）女性防火クラブと少年消防クラブ

女性防火クラブは、東日本大震災では避難誘導、高齢者に対する声掛け、避難所の炊き出し支援が、各地でみられた。女性防火クラブは昭和37年4月6日付で、消防庁長官より全国都道府県知事宛に「予防行政の運営指針について」という通達により、各家庭の火災の予防に重点がおかれた。この通達を機に女性防火クラブは防災活動の消防団基本法第18条において、女性防火クラブは、応急救護訓練、住宅用火災警報器の普及推進、災害弱者宅への防火点検などが平常時の主な活動である。近年の高齢化社会の進展により、活動の場が拡がっている。女性防火クラブ員は一時期と比較して人員は減少しているが、１２０万人（令和元年）を数える。

一方、少年消防クラブは、将来の地域の防災活動の担い手の育成を目的としている。東日本大震災では、中学生のメンバーが中心になり、小学校低学年や高齢者の避難誘導にも積極的にかかわり地域防災の一翼を担っている。年１回の全国少年消防クラブ交流大会も開催されている。

消防団基本法第18条では、女性防火クラブと少年消防クラブに対して、消防団が指導的な役割を果たすことが明示された。その結果、地域社会における防災組織は、消防団を頂点として裾野の広いピラミッド型の構成が形成されることになった。

○地域防災力の強化と消防団

地域防災力の強化は、安全・安心な地域社会の基礎である。そのためにもすべての地域住民が、日常から、その具体的な対応策をイメージしておかなければならない。「寝たきりの高齢者には酷な言い方である」と指摘する人も少なくないが、自力ではその場から避難することはできないとはいえ、「気持ちだけでも、声掛けに反応したい」ということであれば、救助する側とされる側が互いに心が通じ合うことができる。それは大切なことであり、新たな状況を生み出す一歩となる。このような事例は、東日本大震災における様々な場において見聞した。

消防団基本法第5条では「住民は、基本理念にのっとり、できる限り、居住地、勤務地などの地域における防災活動への積極的な参加に努めるものとする」と記されている。

防災訓練に参加することは、地域住民にとっては、防災の「いろは」の「い」を学習する機会である。「その時になれば何とでもなる」、という言葉ほどあてにならないものはない。「言葉はどんなに吟味しても、時間の経過とともに、忘れ去られてしまう」の は歴史の教訓である。年に１〜２回ほど行われる防災訓練は、災害の教訓を「忘れない」唯一の方法である。しかも、防災訓練は、消防団、自主防災組織、女性防火クラブや各自治体、隣組、などの連携のあり方を自ら習得する場でもある。

　消防団基本法においては、消防団が中心的存在として位置づけられている。消防団の特性である即時対応力、地域密着力、要員動員力は、避難・誘導、仮設所生活、復興住宅における被災住民の生活における節目において重要な役割を果たしている。とりわけ、災害発生時から72時間は、消防団を中心とした地域防災力いかんにより、救出の成否が分かれる。

○「大規模災害団員」制度の発足

　最近発生した主な大規模災害は、平成28年４月14日㈭と16日㈯の熊本地震（最大震度７）、同年12月22日㈭の糸魚川市大規模火災（約４０、０００平方メートル）、平成30年６月18日㈪の大阪府北部地震（最大震度６弱）、同年７月西日本豪雨（台風第12号を含む）、同年９月６日㈭北海道胆振東部地震（最大震度７）などがあげられる。これらの大規模災害においては、基本団員のみでは対応が難しく、近い将来、南海トラフ地震、首都直下地震の発生が予想され、しかも団員の被雇用化（サラリーマン化）の進展（令和２年の被雇用者団員比率73・９％）により、日中を中心に地域防災力が低下することは明らかである。

消防庁が平成30年１月９日にとりまとめた「消防団員の確保方策等に関する報告書」のなかで提言された「大規模災害団員」に注目したい。

消防団員は平成２年１００万名の大台を割り込み、令和２年は約81・８万名にまで減少した。一方、災害の多発、大規模化により、消防団の役割は多様化している。とりわけ、大規模災害時には団員の不足が懸念される。消防団は災害時のみならず、平常時には自主防災組織の指導的立場に位置づけられている。両者の関係強化は地域防災力の強化に直結する。時には、ドローンや重機の操作技術、高度な情報収集、解析のような専門性が求められることもある。それらに対応するためには、防災士、消防職員ＯＢ、看護師などが適任者である。そのことにより、消防団には多様な活動が期待できる。

消防団基本法は、21世紀の消防団像をイメージしたものである。消防団は他の防災関係機関と連携することにより、消防団のもつ機能が効果的に発揮できる。そのためにも、その地域社会に適合した連携のあり方が問われなければならない。具体例をあげると、序章でも取り上げた河川流域や、沿岸地域、丘陵地域のように災害が発生しやすいエリアが合同で防災訓練を実施することはより実効性のある方策である。

第8章　消防団の新たな可能性―奈良市消防団―

○消防団と医学の連携のきっかけ

大規模災害時、多数の死傷者が出ることが予想されるが、対応いかんにより、一命を取り留めるケースも少なからずある。また、災害関連死の人も多数にのぼる。それらをできるだけ少なくするための方策のひとつとして、消防団と医学・医療関係者との連携のあり方が想定される。平成7年に発生した阪神・淡路大震災において「初期医療体制の遅れにより、９００人を超える災害死がもたらされた」（『防災情報新聞　２０１８．11・18号』）と言われている。災害大国の我が国においては、災害関連死と常に向き合わざるを得ない。

消防団は長年にわたって防災に限らず、防犯や祭りなど様々な地域行事を行う上で重要な役割を担ってきた。団員は地域社会の自然環境、さらには人間関係について豊富な情報を持ちあわせている。このような消防団の特異性は、災害時の避難や防犯活動に限らず、災害関連死にも有効に機能するのではないかという考え方が関係者の間では早くから指摘されていた。

奈良市消防局のM課長は東日本大震災のとき、東京に出向しており、『消防団の闘い』(日本消防協会発行)の編集、あるいは、消防団車輌の贈呈や福祉共済の支払いに携わるとともに、被災地に直接、足を運ぶ機会も多かった。M課長がそこで目の当たりにしたのは、同僚や家族の死に直面し、「こころに大きなダメージ」を受けた多くの消防団員の姿であった。

奈良市消防局に戻った際、M課長は災害時における消防団員の「こころのケア問題」に取り組もうと決意した。そのような折、国立精神・神経医療研究センターに勤務されていたW医師から、次のようなことを聞かされた。

東日本大震災の際、当時は「心のケアチーム」として被災地に出向いたものの、思うような活動ができなかった。心のケアチームでは、その原因と対策を検討した結果、「災害時の状況は、刻一刻と変化します。常に最新の情報やその土地の地形、特色をいち早く理解することが、人命救助において大切です。そのためには、地元をよく知る人、すなわち消防団の方々との連携が不可欠と考えました」と（Ｍ課長メモ）。

Ｍ課長は奈良市消防局に戻り、「災害における『心のケア問題』にすぐに取りかかりたい」と思ったが、あまりにも唐突な問題提起であり、予算計上が全くされていない状況においてはかなりの難題であった。それでもＭ課長の熱意に、医療関係者も心を動かされたようで、思ったほどの時間を要することなく、具体的な一歩を踏み出すことができた。

○ＰＦＡ研修会の開催

消防団員は医療資格を持ちあわせていない。そのため、具体的行動を起こす以前に、傷病者への対応における基礎的知識を身につける必要があった。平成26年7月26日～27日の２日間は、消防団員を対象として、ＤＰＡＴ（災害派遣精神医療チーム）に関する講義、その翌日は、ＰＦＡ（心理的応急処置）の実技を兼ねた研修会が実施された。

災害発生期から急性期（発災から48時間以内）は、外部からの支援は不可能であり、地元団員を中心に傷病者をできるだけ安全な場所へ搬送する必要がある。傷病者の症状を把握し、救急隊、医療機関等に引き継ぐまでの間、団員にとって何ができるかの確認が求められる。ときとして、消防団は「何をどうすればよいかわからない」、「自分が行動することによって、症状の悪化をまねくのではないか」とのジレンマに陥ることも考えられる。

講義は「Ｐ＋３Ｌ」と要約される対応方式を中心に行われた。

（Ｐｒｅｐａｒｅ―活動前準備）／災害現場では、どのような問題が発生しているのか、その問題を解決するための有効な方法を考えること。団員が日常の活動を通じて知り得た被災地周辺の地理的状況や、高齢者をはじめ災害弱者の方々の実態を踏まえた対応が重要であること。それらに加えて、「顔見知り」である地域住民との関係を、災害という非常に、どう活かすかも課題となる。

（Ｌｏｏｋ―見ること）／災害現場では、「団員自らの安全確認」が第一である。その後、緊急対応が求められる人や、深刻なストレス反応を示している人に対して、心理的な応急措置を施すことである。まさに、団員と傷病者が直接向き合う場である。

（Ｌｉｓｔｅｎ―聞くこと）／被災者に問いかけ、そして話に耳を傾け、気持ちを落ち着かせる手助けをすること。その際、団員は被災者と同じ目線に立つことが求められる。言葉や動作により、被災者のおかれている状況が大きく変わる要素を孕んでいるからである。

（Ｌｉｎｋ―つなぐこと）／不安な状況下におかれている被災者に対しては、正確な情報を提供することが第一である。うわさ話の類いは、被災者を不安な状態に陥れ、新たな問題を引き起こすことも考えられる。被災者にとって、最も身近な存在の家族、あるいは友人や親戚と連絡が取れるようにする配慮も重要である。

消防団員は災害現場周辺の事情に精通している。そのことが「Ｐ」（活動前準備）で最も有効に機能する。その後の対応としての、「見ること」、「聞くこと」、「つなぐこと」のいわゆる「３Ｌ」のそれぞれの場面においても重要な役割を果たす。聴講した団員からは、「これまで頭のなかで描いていたイメージよりは身近な問題としてとらえることができたように思う」という声が多く聞かれた。

○奈良市消防団・DMAT・DPAT合同訓練（Ⅰ）

平成27年2月9日に「奈良市消防団・DMAT・DPAT合同訓練」が実施された。合同訓練は大規模災害を想定し、消防団による被災者の避難誘導（DMAT）、避難所での傷病者や精神科医療を要する被災者への初動対応（DPAT）ができる体制の確立が目的であった。

被災現場の状況設定は次のようなものだった。参加者からは、「現実がリアルに再現されており、恐怖心さえ覚えた」という言葉が聞かれるほど臨場感に満ちたものであった。

平成27年2月9日（月）午後3時10分、奈良盆地東縁断層帯を震源とする内陸型地震が発生、地震規模はマグニチュード7.0、震源の深さは約10キロメートル、震度6強を観測したのは奈良市のほか12市町村。奈良市内では液状化、斜面崩壊が発生、道路や鉄道が寸断され家屋が倒壊、各地で火災が発生している。

訓練は奈良ロイヤルホテルを全館貸し切り、ホテル3階客室を住居、2階別館の「ホワイエ」を東大寺と想定した。ホワイエには、奈良市災害対策本部、避難所が設置され、全館を停電状態とした。

訓練は、避難誘導訓練と避難所対応訓練を中心に行われた。消防団員は所定の詰所に集合し、副団長の指示のもと、まず避難誘導活動を行った。

その後、避難所対応訓練（発災後、1日半経過した状態を想定）が始まった。この時点では、まだ医療チームは到着していない。避難所責任者より消防団に対して、「他に支援の必要な方がいるかどうか確認し、報告してほしい」との指示があった。

避難所にDMAT（災害派遣医療チーム）が到着すると、消防団員はDMATや救急隊と連携し、負傷者の救護、救急隊による搬送を行った。

間もなくDPATが到着し、消防団がこれまでの活動で得た情報をDPATにできるだけ正確に伝え、お互いの情報の共有化をはかった。

この訓練について、ある病院関係者は次のようにコメントした。

今回は、心のケアを、災害が発生した早い段階の非常に難しい時期に、消防団の方々がかかわり、傷病者を助けていくということを目的として行われました。実際、災害では連携というものが大事になります。災害現場と、本部との連携がうまくいかないと、全体が機能しません。このような訓練を重ねることで、より深い連携を築くことができるようになり、実際の災害では対応がもっとうまくいくのではないかと思っております。

○ＤＭＡＴ・ＤＰＡＴ合同訓練（Ⅱ）

翌年の平成28年2月7日、前回実施された合同訓練の反省と、奈良市の地理的位置から発生が予測される人為的事故の場面が設定された。

奈良市は、近鉄、ＪＲ西日本、路線バスが走る。しかも観光バスの本数はかなり多い。ひしめきあうように四通八達している交通機関は、災害の発生による大事故の発生も予想される。今回は「鉄道事故における救命処置及び情報共有対応訓練」がテーマである。

> 訓練想定は、奈良市内の踏切（近鉄大和西大寺駅～新大宮駅間）において、走行中の近鉄電車にトラックが側面衝突し、電車は脱線、多数の負傷者が出ているというものだった。

主な訓練内容は、（1）近鉄西大寺検車区内で営業用車両を使用し、近鉄職員による乗客の避難誘導、（2）隣接の近鉄スポーツセンターにおいて、避難誘導された乗客の応急救護所を開設すること、の二つであった。

前回と異なることは、消防団、医療機関に加えて、警察署、鉄道関係者、奈良県防災航空隊なども参加し、第一回と比べて参加団体は多かった。

事故想定について時系列的に記述する。

・14時00分／踏切において走行中の近鉄電車にトラックが側面に衝突。電車は脱線、多数の負傷者あり。
・14時05分／脱線した車両の運転手、車掌による事故現場状況把握
駅、運転指令所に事故の状況報告。
・14時15分／連絡を受けた奈良市消防局、奈良県ＤＭＡＴ、奈良市消防団、奈良県警察が現場に到着。

消防団員は事故現場（線路）内に立ち入らざるを得ないとはいえ、徹底した安全確認をすること。そして消防隊員の指示に従うこと、また車外に退避していた傷病者をトリアージ（選択的救済：災害・事故で発生した多くの負傷者を治療する時、負傷者に治療の優先順位をつけること。）にもとづき、各ポストエリアに搬送することなどが、大きなポイントであった。

・14時45分／消防団員は「エリアⅠ」（異常な状況における正常な反応への対応）、「エリアⅡ」（避難行動要支援者への対応）、「エリアⅢ」（緑タッグエリアで医療が必要な被災者への対応）にトリアージして、被災者をそれぞれの場所に待機させる。

応急手当が始まると、消防団は、ＤＭＡＴ、ＤＰＡＴ等と連携して、負傷者の対応にあたる。

第2回目の訓練のねらいは、緊密な連携、まさに「次へのつなぎ方」を学習することであった。終了後、各担当者から指摘された主要な点をまとめると、次のようになる。

①職員や医療関係者、そして消防団員は、連携しあうことにより、それぞれのおかれている状況を把握し、新たな一歩を踏み出すことができる。
②情報の錯綜は、解決を長引かせることにつながる。そのため、普段から情報を整理する訓練が必要不可欠である。
③災害はこれまでの訓練だけではカバーできない、新たな問題を生み出すことも考えられる。そのためにも、情報の共有が徹底されることで、短時間による問題解決が可能となる。

○地域メディカルラリー訓練　平成29年7月8日

ＰＦＡ研修会、２回にわたるＤＭＡＴ、ＤＰＡＴの合同訓練が終了したのを機に、これまでの学習成果を確認するため、地域メディカルラリーが実施された。

メディカルラリーとは、災害急性期（発災後48時間以内）には支援体制が十分に整わないため、地元住民は傷病者の初期対応から救急隊、医療機関に引き継ぎまでの間、「何を、どう対応すべきか」を理解できないケースが少なからずある。そのため、「初期対応をどうすべきか」について、互いに競い合いレベルアップをはかる訓練である。

平成29年6月11日には、地域メディカルラリーを行うにあたっての事前研修が行われた。その内容は、①傷病者への初期対応、②傷病者の状況判断、③緊急時における医療手法、④緊急時におけるメンタルヘルスケア、などが中心であった。

その日の参加チームは、「フラットキャッスル」（平城地区自治連合会、奈良市消防団平城分団）、大安寺西ビッグ・スリーズ（大安寺西地区自治連合会、奈良市消防団三笠分団、奈良市消防団大安寺分団）、チーム日本一（消防団員、自主防災防犯協議会員、防災士有志）の３チーム。


災害想定は次のようなものであった。

> 7月8日　土曜日　14時00分。南海トラフ大地震により、奈良市は震度6弱の揺れに襲われた。避難所には自治会と消防団のメンバーが集まるとともに傷病者も運ばれている。医療班はまだ到着していない。

当日のシナリオは、「ステーションⅠ」（トリアージ、止血などのファーストエイド）、「ステーションⅡ」（傷病者の一覧表作成、医師への申し送り）、「ステーションⅢ」（傾聴、ニーズにつなぐ）から構成される。

終了後に行われた講評は、要約すると次のようになる。

傷病者に対しては、丁寧に声をかけ、症状などを観察していた。救急隊や医師等の医療関係者が到達するまで、できるだけ多くの情報を集め、トリアージ記録として表にまとめるという初期対応の重要性が指摘された。

○「市民メディカルラリー」2018の開催

消防団と医療関係機関の連携が始まってから5年目の平成30年11月18日、奈良市と包括協定を締結している京都府木津川市の大型商業施設を会場として、「市民メディカルラリー」が開催された。「実施要綱」には、次のように記述されている。

「阪神・淡路大震災では防ぐことのできる災害死が多数発生している。災害時における急性期の死者を減らす取り組みにより、東日本大震災や熊本地震では災害死が減少した。しかしながら急性期から亜急性期に向けて災害関連死が多数発生し（東日本大震災３，５００人以上、熊本地震１７０人以上）、現在その対応が急務とされる。災害関連死は避難所や自宅で発生することが多く、非医療従事者である一般市民の災害医療的啓発が急務と考えられる。

（以下　一部略）

参加チーム13（１４２人）。うち他県から３チーム、奈良県内から10チームが参加した。「トリアージ」、「避難所アセスメント」、「こころのケア」、「ファーストエイド（人工呼吸、胸骨圧迫、止血法など）」、「エコノミークラス症候群」の対処、という５ステーションで争われた。

参加者から提出されたアンケートの一部を紹介する。

・経験を積むことの大切さを知った（50代女性）。
・知識や経験不足が露呈されました。この経験を活かして、災害時はしっかり対応できるような知識を備えると同時に、様々な活動に積極的に参加したいと思う(20代男性)。

・勉強会をして万全のつもりで行ったのに、本番になるとパニックになった。指揮する人の重要性をあらためて感じた(20代男性)

奈良市消防団の取り組み事例は、新たな視点から消防団機能を見直し、災害死や災害関連死をできるだけ少なくするためにも積極的にかかわっていこうというものである。これまでは、DMATやDPATは医学分野のみで完結するものと考えられてきたが、災害現場の実態をできるだけ早く理解することで、その有効性がより高まることを、東日本大震災の被災現場において数多く体験することができた。その意味においては、医学分野と消防団との連携のあり方を見直す契機となった。消防団の特性のひとつである地域密着性とは、消防団員が持ちあわせている地域の様々な情報が、災害時の医療行為においても必要不可欠であることをあらためて知らされた思いがする。

災害時、消防団の今後の役割として、奈良市消防団の取り組みから学ぶべきことは多い。

付記

本稿は、『近代消防』（近代消防社発行）に、平成26年11月号、27年4月号、29年9月号、31年2月号に掲載された内容を参考とし、加えて、当時の奈良市消防局M課長さんの聞き取り調査からまとめたものである。

終　章

消防団と自主防災組織について、東日本大震災以前と以後では、両者の関係にどのような変化がみられたのかについて、具体的事例をあげながら大要を述べてきた。これまでの検討を踏まえながら、巨大地震とそれにともなう大津波、年々、上陸する数が増えている台風による河川の氾濫や土砂崩れ、はては火山の噴火、竜巻など予想される様々な自然災害に対して、いかなる方策が必要かつ有効であるかについて提言したい。

(1) 自主防災組織の連携の相手は消防団がトップ

東日本大震災後、各種調査において、「自主防災組織がどのような組織と連携していたか（活動する上で有効であったか）」という設問には、ほとんどの自主防災組織が「消防団」と答えている。

その理由としては、以下のようなことがあげられる――。

第一は、団員と顔見知りであることが、過酷な生活環境におかれた被災住民にとっては、それまで以上に心強い存在として映ったこと。

第二は、災害発生時において、自主防災組織と協働で災害対応する場面が多く、地域住民は消防団の存在を改めて確認できたこと。

第三は、消防団員の長期間に及ぶ活動は、地域住民の消防団の再評価につながり、消防団の存在が地域住民に対して安心感を与えたこと。

筆者が岩手県大船渡市消防団員を対象として実施したアンケート調査（平成23年6月実施、回収率81％）によれば、「東日本大震災を通じて、地域住民からかけられた心に残る言葉」として、「どうもありがとう」、「いつもおつかれさま」、「お世話になりました」という回答が、調査対象者の90％以上から寄せられた。これは、東日本大震災後、消防団と自主防災組織の関係のあり方に大きな示唆を与えたことはいうまでもない。

（2）「声掛け」、「安否確認」、「避難誘導」の重要性

災害発生直後、地域住民の生死を左右しかねないのは、「声掛け」、「安否確認」、「避難誘導」である。これらの行動は、消防団、自主防災組織、近隣住民、民生委員などの協働で実施される。時間との闘いを強いられ、関係者の連携のあり方が生死を分けるといって過言ではない。一人でも多くの人を生かすためには、常日頃からの訓練が決定的な意味をもつ。

近年では、「在宅確認用の旗」、「要援護者の支援カード」などが作成されているが、災害発生時、その活用は多くの困難がともなう。とりわけ、支援者と要支援者双方の居場所はつねに同じではないからである。

「『声掛け、安否確認、避難誘導』はさほど難しくはないため、防災訓練種目として取りあげる必要はない」と考える地域住民も少なからずいる。こうした安易な考えをすることこそが、「平常時の大いなる錯覚」である。この点について、東日本大震災は警鐘を鳴らしている。

（3）横並びの危険性

「大津波警報が出ました。ただちに高台に逃げてください」といった防災行政無線からの呼びかけが聞こえると、避難行動を起こす前に、周りにいる人の行動をながめる人が多い。そして、周りの人が避難行動を起こさないと、「まだ、大丈夫」と自分勝手に決めつけてしまう。

東日本大震災では、このような横並びの習性が命を落とす大きな要因となった。「赤信号、みんなで渡れば怖くない」は、津波をはじめとする自然災害では命取りになりかねないことを肝に命じておくべきである。

最近、「率先避難団員」（自らが率先して逃げる役割を担う団員）を配置し、地域住民に対して津波の切迫性を知らせる方法として注目されている。とはいえ、団員が地元にいないこともあるから、いつも訓練と同じ行動ができるわけではないことも想定しておくべきである。

津波の発生＝できるだけ高い場所に一目散に逃げる――これこそが、習性になっていなければならない、と自分につねに言い聞かせ、自分の命は自分で守ることを第一に考えるべきである。自主防災組織や消防団は、平常時、地域住民に対して様々な機会をとらえて、その徹底をはかる役割を担っている。

（4）複線型対策の徹底と身近な地域防災計画

これまでに発生した自然災害は、人間の予測を超えたものだった。今後、発生する自然災害も人間の予測をはるかに超えるものになる可能性は大で、それゆえに完璧な災害対策などはあり得ない。被害を最小限に食い止めるためには、地域防災計画やハザードマップにもとづいた対応が求められる。

地域防災計画やハザードマップは、最善の方法だけを記した、いわゆる「単線型」ではなく、最悪の事態も想定した「複線型」にもとづいた内容にも心配りする必要がある。その結果、地域住民にとっては地域防災計画やハザードマップは、身近な存在となる。そのためには、これらの計画の段階から地域住民の意見に耳を傾け、地域住民の多種多様な経験値を動員することが重要である。そして、できあがった内容は、地域住民に対して十分な説明が行われなければ、「絵に描いた餅」になってしまうのは自明である。

（5）非常時の対応は平常時の延長

東日本大震災で未曾有の被害を受けた沿岸地域は人口減少・高齢化がますます進み、地域防災力は著しく低下している。東日本大震災では津波が予想をはるかに上回る高さまで達し、災害弱者は厳しい状況におかれた。

ただ、同じような状況でも、事前に定められた避難計画いかんによっては、被害を最小限にとどめることができた事例も少なからずあった。このような事例が、きわめて限られたものであれば、「偶然であった」、「たまたま運がよかった」という言葉で片づけられるが、地域住民の事前の対応の仕方が大きく影響したのであれば、我々は肯定的にあろうが否定的であろうが、教訓として学ぶべきことは多い。

日本は自然災害大国である。「この場所は、災害にあうことはあるまい」と断言できるエリアなどないと考えるべきである。

これから先、我が国はこれまで以上に過疎化、高齢化が進展することは間違いなく、過疎化、高齢化が新たな防災上の問題になることも考えておくべきであろう。そのためにも、消防団と自主防災組織の役割はよりいっそう重要になる。

（6）公的機関の限界の認識

「災害発生から72時間（3日間）以内は、行政を頼ることは難しく、地域住民自らが対応しなければならない」ことは、様々な場面で言われてきたし、実際のところそうであった。にもかかわらず今日なお、多くの住民は、心のどこかに「いざとなれば、行政が手助けしてくれるはず……」という甘えがあることは否定できない。甘えは避難所における市町村職員と避難住民のやりとりからも、うかがうことができた。

全国の自主防災組織の組織率は84・3％で、90％を超える都道府県は5割を超える（令和2年4月1日現在）。自主防災組織の組織率はあがったが、地域住民の主体的な組織運営という面では、まだまだの感が強い。そう感じるのは、地域住民が受け身になっていることの証しでもある。

東日本大震災の教訓のひとつとして、行政の対応には限界があることを当然と考え、住民一人ひとりが、自助努力が基本であることを自覚しなければ、有効で強い自主防災組織にはならないことを提言しておきたい。

参考・引用文献

・生田長人編　２０１０『防災の法と仕組み』東信堂
・植田今日子編　２０１５『村落社会研究―51　災害と村落』農山漁村文化協会
・倉田和四生　１９９５『防災福祉コミュニティ』ミネルヴァ書房
・黒田洋司　２０００『平成１１年地域安全学会論文報告書』地域安全学会
・神戸市長田消防団　１９９５『長田消防団　祈りの足跡』神戸市長田消防団
・神戸市消防局　１９９５『雪（阪神・淡路大震災　神戸市消防団の活動記録）』神戸市消防局警防課
・後藤一蔵　２０００『消防団の源流をたどる』近代消防社
・後藤一蔵　２０１４『消防団―生い立ちと壁、そして未来―』近代消防社
・酒井久男　１９８８『津波―語りつぐツナミ―』種市民俗資料館
・消防行政研究会編　１９８３『㉔消防』ぎょうせい
・消防庁　２００７・２０１１『自主防災組織の手引き―コミュニティと安心安全なまちづくり

―（改訂版）』消防庁
・消防庁　２０１７『自主防災組織の手引き―コミュニティと安心・安全なまちづくり―』消防庁
・消防庁防災課編　１９７３『自主防災組織の手引』全国加除法令出版
・消防力の基準研究会　２０００『逐条問答　消防力の基準・消防水利の基準』ぎょうせい
・消防庁編『消防白書（各年次）』消防庁編
・仙台市　１９７９『７８宮城県沖地震〈１〉災害の記録』宝文堂
・山下文男　２００５『津波の恐怖―三陸津波伝承録―』東北大学出版会
・新潟日報社　２００６『中越地震復興公論』新潟日報社
・西宮市消防団　１９９５『西宮市消防団員の活動記録集』西宮市消防団
・永野由紀子編　２０１８『村落社会研究―54　イエの継承・ムラの存続』農山漁村文化協会
・日本消防協会　２０１２『消防団の闘い』近代消防社
・古屋圭司／石田真敏／務台俊介　２０１５『〝消防団基本法〟を読み解く』近代消防社
・防災行政研究会　２００２『逐条解説　災害対策基本法〈第二次改訂版〉』ぎょうせい
・吉原直樹／仁平義明／松本行真編　２０１５『東日本大震災と被災・避難の生活記録』六花出版

・吉原直樹／仁田貝香門／松本行真編　2017『東日本大震災と（復興）の生活記録』六花出版
・吉原直樹編　2011『防災コミュニティの基層』御茶の水書房
・吉原直樹編　2013『安全・安心コミュニティの存立基盤』御茶の水書房

【報告書】

・青生地区合同防災訓練実行委員会　2017「青生地区合同防災訓練実行委員会の記録」青生地区合同防災訓練実行委員会
・秋田県総務部　2016・2018「旭南一丁目町内会自主防災会―他の資料について」
・河北新報　2013「沖だし」の犠牲24人（11月24日）、「水の壁決死の正面突破、『沖だしを実装実験』（11月28日）
・災害時要援護者の避難対策に関する検討会　2006「災害時要援護者の避難支援ガイドライン」
・消防審議会　1980「地域の安全防災体制を確立するための方策に関する答申」
・消防団員の確保方策等に関する検討会「同報告書」
・消防庁　1997「大規模災害時における消防団活動のあり方に関する報告書」
・消防庁　2000「消防団と地域の自主防災組織等との連携のあり方に関する報告書」

・消防庁　２０１７『自主防災組織等の充実強化方策に関する検討会報告書』

・消防庁　国民保護・防災部　地域防災室　２０１５『自主防災組織等の現状』

・復興庁　２０１２「東日本大震災における震災関連死に関する報告」

・内閣府　２０１３「避難行動支援者の避難行動支援に関する取り組み支援」

・内閣府　２０１４「地区防災計画ガイドライン」

・内閣府　２０１７「地区防災計画モデル事業報告―平成２６～２８年度の成果と課題―」

・内閣府政府広報室　２０１２「消防に関する特別世論調査」の概要

・内閣府　２０１６「福祉避難所の確保・運営ガイドライン」

・長岡市災害対策本部　２００５「新潟県中越大地震の被害及び復旧対策の概要」

・長岡市消防本部　２００６「長岡市消防本部・消防署　長岡市消防団概要」

・気仙沼・本吉地域広域行政事務組合消防本部　２０１２「東日本大震災　消防活動の記録」

・東松島市／２０１１・２０１３「東北地方太平洋沖地震に関する避難行動調査」

・東松島市　２０１２「東日本大震災に関する自主防災組織アンケート調査報告書」

・宮城県　２０１５「東日本大震災時における宮城県内自主防災組織の活動実態調査」

・われら　おぢや市消防団　２００４「団報　火の見やぐら　第６号」

あとがき

平成23年3月11日㈮、「東日本大震災」が発生した。そのとき、私は仙台駅前の地下街にいた。これまで経験したことのなかった衝撃であり、地上に出るまで、地下道の両側の壁の揺れの大きさに恐怖感を覚えたことを記憶している。

日が経過するにつれ、メディアを通じて流される消防団に関する情報に接するたびに、できるだけ早く、津波の被災地を自分の目で確かめたいという気持ちを強めていったように思う。津波に襲われた沿岸地域に行くまで、自宅から車で30分ほどの距離とはいえ、ガソリンを手に入れることができないため、東日本大震災から1週間が瞬く間に過ぎた。

友人の計らいで、ガソリン20リットルを手に入れたのを機に、数年前から度々調査で訪ねていた宮城県東松島市東名地区に向かった。これまで見てきた光景は全くなく、旧知の団員の方からは、「津波が襲来した時は、まさに西部劇を見ているようであった」

という話を聞かされた。

その後、東北地方の沿岸部を中心として、被災地には何度か足を運んだ。早いもので東日本大震災発生から節目の10年を迎えている。

昨年3月ごろから、東日本大震災に関して書きためておいた小論をまとめてみたいと考えるようになった。が、思うように筆が進まず、休眠状態はしばらく続いた。もともと、私は現地調査を積み重ねることにより、「イメージを形づくる」、いわゆるフィールドワーカーである。

「フィールドと向き合おう」と考え、これまで何度も足を運んだ宮城県東松島市東名地区、岩手県洋野町を中心に現地調査を重ねた。

現地調査を通じて、「消防団」、「自主防災組織」、「地域防災」の三者が、時間の経過とともに徐々に結びついていくように感じた。とはいえ、「一歩前進、半歩後退」のペースであることはこれまで同様である。

拙著が、果たして様々なご批判に耐えることができるかどうかについては、自信がない。しかしながら、消防団のあり方が問われている今日、消防団研究に取り組んでいる者としては、多少の問題提起はしたいと考え出版を思い立った。

最後になりましたが、出版の労をおとりいただいた（株）近代消防社 三井栄志代表取締役社長には、資料の提供、さらには様々なアドバイスをいただいたことに心から感謝を申しあげる。

令和３年早春

後藤一蔵

〈付記〉

新型コロナ禍で緊急事態宣言継続中の令和３年２月13日(土)、午後11時07分頃、福島県沖を震源とする震度６強の地震と同３月20日(土)、午後６時09分頃、宮城県沖を震源とする震度５強の地震が発生。列島の広い範囲で激しい揺れを感じ、「またか！」と身構えた人も多かった。奇しくも、あの東日本大震災から節目の10年目に当たる今年、因縁めくものを感じざるを得ない。

巨大化し複合的になっている災害に対応するためには、全ての住民がこれまで以上に地域社会の絆を強める以外に途《みち》はない。加えて、地域防災のプロと言って過言でない消防団と、地域防災組織との一層の連携こそが防災の要と言えるのではないか。

【こ】

【さ】

【し】

索　引

後 藤 一 蔵（ごとう　いちぞう）
1945年　宮城県小牛田町生まれ
東北大学教育学部（教育社会学専攻）卒業
東北福祉大学兼任講師
消防団員確保アドバイザー

主な著書・論文

『消防団の源流をたどる』（近代消防社 2001年）
『国民の財産　消防団』（近代消防社 2010年）
『消防団―生い立ちと壁、そして未来―』（近代消防社 2014年）
『防災の社会学』（共著 東信堂 2008年）
「明治・大正期における消防組織の展開過程」
（『村落社会研究・28』1992年 日本村落社会研究会）
「地主制の展開過程における消防組織と村落」
（『村落社会研究・創刊号』1994年 日本村落研究学会）
「若者契約における消防機能の展開過程」
（『村落社会研究・8』1998年 日本村落研究学会）
「混住化現象に伴う村落の変容と区費賦課基準の変遷過程」
（『社会学評論・167』1991年 日本社会学会）

KSS 近代消防新書

019

今こそ、問われる地域防災力
― 消防団と自主防災組織の連携 ―

著　者　後藤《ごとう》一蔵《いちぞう》

2021年5月8日　発行

発行所　近代消防社
発行者　三 井 栄 志

〒105-0021　東京都東新橋1丁目1番19号
（ヤクルト本社ビル内）
読者係（03）5962-8831㈹
https://www.ff-inc.co.jp

ISBN978-4-421-00949-1 C0230
価格はカバーに表示してあります。